丝绸之路的故事

中华少年信仰教育读本编写委员会 / 编著

信仰创造英雄　信仰照亮人生

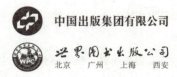

中国出版集团有限公司

世界图书出版公司

北京　广州　上海　西安

图书在版编目（CIP）数据

丝绸之路的故事 / 中华少年信仰教育读本编写委员
会编著 . — 北京 : 世界图书出版公司 , 2016.5（2024.5 重印）
ISBN 978-7-5192-0879-0

Ⅰ. ①丝… Ⅱ. ①中… Ⅲ. ①丝绸之路—青少年读物
Ⅳ. ① K928.6-49

中国版本图书馆 CIP 数据核字 (2016) 第 048919 号

书　　名　丝绸之路的故事
　　　　　SICHOU ZHI LU DE GUSHI

编　　著　中华少年信仰教育读本编写委员会
总 策 划　吴　迪
责任编辑　张建民
特约编辑　邰迪新

出版发行　世界图书出版有限公司北京分公司
地　　址　北京市东城区朝内大街 137 号
邮　　编　100010
电　　话　010–64033507（总编室）　（售后）0431–80787855　13894825720
网　　址　http：//www.wpcbj.com.cn
邮　　箱　wpcbjst@vip.163.com
销　　售　新华书店及各大平台
印　　刷　北京一鑫印务有限责任公司
开　　本　165 mm×230 mm　1/16
印　　张　11.5
字　　数　150 千字
版　　次　2016 年 8 月第 1 版
印　　次　2024 年 5 月第 5 次印刷
国际书号　ISBN 978-7-5192-0879-0
定　　价　45.00 元

序 言

信仰是什么？

列夫·托尔斯泰说："信仰是人生的动力。"

诗人惠特曼说："没有信仰，则没有名副其实的品行和生命；没有信仰，则没有名副其实的国土。"

信仰主要是指人们对某种理论、学说、主义或宗教的极度尊崇和信服，并把它作为自己的精神寄托和行动的榜样或指南。信仰在心理上表现为对某种事物或目标的向往、仰慕和追求，在行为上表现为在这种精神力量的支配下去解释、改造自然界和人类社会。

信仰，是一个人在任何时候都不能丢的最宝贵的精神力量。人有信仰，才会有希望、有力量，才会树立正确的价值观，沿着正确的道路前行，而不至于在多元的价值观和纷繁复杂的世界中迷失方向。

信仰一旦形成，会对人类和社会产生长期的影响。青少年是社会的希望和未来的建设者，让他们从普适意识形成之初就接受良好的信仰教育，可以令信仰更具持久性和深刻性，可以使他们在未来立足于社会而不败，亦可以使我们的伟大祖国永远立于世界民族之林。

事实上，信仰教育绝不是抽象的、概念化的教育，现实生活中，我们有无数可以借鉴的素材，它们是具体的、形象的、有形的、活生生的，甚至是有血有肉的。我们中华民族有着几千年的辉煌历史，多少仁人志士只为追求真理、捍卫真理，赴汤蹈火，前仆后继；多少文人骚客只为争取心中的一方净土，只为渴求心灵的自由逍遥，甘于寂寞，成就美名；多少爱国志士只为一个"义"字，不惜抛头颅、洒热血。他们如滚滚长江中的朵朵浪花，翻滚激荡，生生不息，荡人心魄。如果我们能继承和发扬这些精神和信仰，用"道"约束自己的行为，用"德"指导人生的方向，那么我们的文明必将更加灿烂，我们的国运必将更加昌盛。

正基于此，"中华少年信仰教育读本系列丛书"应运而生。除上述内容外，本丛书还收录了中国人民百年来反对外来侵略和压迫，反抗腐朽统治，争取民族独立和解放，前赴后继，浴血奋斗的精神和业绩，尤其是中国共产党领导全国人民为建立新中国而英勇奋斗的崇高精神和光辉业绩；不仅有中国历史上涌现出的著名爱国者、民族英雄、革命先烈和杰出人物，还有新中国成立以后涌现出的许许多多的英雄模范人物。

阅读这套丛书，能帮助青少年树立自己人生的良好的偶像观，能帮助青少年从小立下伟大的志向，能帮助青少年培养最基本的向善心，能帮助青少年自觉调节自己的行为，能帮助青少年锁定努力的方向，能帮助青少年增加行动的信心和勇气。

习近平总书记说："人民有信仰，民族才有希望，国家才有力量。"因此我们有理由相信：少年有信仰，国家必有希望。

中华少年信仰教育读本编写委员会

目录

丝绸之路，简称丝路。它是指自长安（西安）或洛阳为起点，经甘肃、新疆，再到中亚、西亚，最后到达地中海沿岸的古老商道。也许很多人并不知道，给丝绸之路命名的并不是中国人，而是一位德国的地理学家，这位学者叫李希霍芬。他从1877年开始写作并发表出一套著作，名叫《中国——亲身旅行的成果和以之为根据的研究》，在书中首次把汉代中国和中亚南部、西部以及印度之间的丝绸贸易为主的交通路线称作"丝绸之路"，并被学术界所认可。于是，这条连接欧亚、绵延数千里的商道，就有了这个浪漫而梦幻的名字。

这条古老而漫长的商路在中国和世界文明史上留下了光辉灿烂的篇章，它就像一条彩带，将亚洲、欧洲和非洲的古文明连接在一起。那么，这条古道为什么叫"丝绸之路"，它又是怎样形成的呢？这不得不从美丽的中国丝绸开始说起。

嫘祖制丝

在中国久远的历史中，丝绸一直是最受欢迎的外贸产品。产自中国的丝绸由各色商人牵着驼队，通过这条重要的贸易通道运输到亚欧大陆。世界认知中国是从丝绸开始的，它是中国古老文明的象征。

中国是蚕丝事业的发源地，是最早养蚕和制造丝绸的国家。关于丝绸的起源，民间有许多美丽的传说，其中"嫘祖制丝"的故事流传最为广泛。

黄帝的妃子嫘祖诞生于远古时期的一个原始部落——西陵氏族，少年时的嫘祖便显现出与众不同的聪慧。一天，嫘祖在摘桑葚时，偶然发现了桑虫结的黄茧，便摘来含在口中，由于唾液浸泡加热溶解了胶质，嫘祖无意中顺手理出了茧中的丝线。丝线摸起来非常结

实，不像蜘蛛丝那样容易断。聪明的嫘祖顿生编织蚕丝以代替兽皮树叶做衣服的念头。后来，嫘祖将野桑蚕变为家养，又发明了一些缫丝的工具，实现了她以丝绸做衣服的梦想，并从此开启了西陵部落衣着文明时代，结束了穿树叶、披兽皮的生活方式。

嫘祖与黄帝联姻后，辅佐黄帝，教民养蚕，衣被天下，以其不朽的历史功绩，受到人们的无限崇敬。如今，许多地方的百姓仍保留每年祭祀嫘祖的民俗。

除了古老的传说以外，在史料和考古方面也都揭示了中国制造丝绸的悠久历史。据史籍记载，中国利用蚕丝织成衣料，大约已有五千多年的历史。早在新石器时代晚期，黄河流域和长江中下游地区的人民已经会制造丝线、丝带和绢。据史学家推测，在遥远的原始社会，华南、华东及华北地区都覆盖着大片的森林，桑树的生长也非常繁茂，给野蚕提供了极好的生存环境。进入新石器时代以后，原始人类开始用野生的麻和葛来织成衣服，冬天穿兽的毛皮，其他季节穿葛和麻。在不断的实践过程中，人们发现了野蚕丝又细又结实，比起麻、葛等纤维要好很多，于是一种新的纺织品——丝织品出现了。1958 年从浙江吴兴县新石器时代遗址发掘出碳化的丝带和绢片等，经测定，其年代距今约有 4 700 多年。同时，在甲骨文中保留着多个与丝绸相关的字。"丝"字，形状如同丝线缠绕；"缫"字中有水、缫釜及蚕茧；此外，还有续丝的"续"、断丝的"断"，束丝的"束"、用丝线作琴弦的"乐"，以及用丝帛制成的"衣""巾"等字。

可见，丝绸的出现加快了人类文明的进步。

丝绸之美

在三千多年前的殷商时代，中国丝绸的生产已经初具规模，并有了复杂的织机和织造技艺。人们已经可以织造出华美的暗光绸，有了多彩的刺绣，后来又发明了罗纱和织锦以及绫、绢、绮、绸等品种。据记载，商代的最后一个暴君纣王的穿着为"锦衣九重"，可见当时丝织品已极其盛行。商周时期的丝绸花纹以几何纹为主，呈现出神秘、简约、古朴的风格。

战国时期的丝绸纹样有了很大突破。1982 年初，在湖北江陵西发掘出了一座战国时期楚国的墓地，被称为"马山一号墓"，墓中发现了大量珍贵的战国时期的丝绸。有十余件各种丝织品制作的衣服，棺内还覆盖着六床锦和绣着精美花纹的丝质被子。在极薄的绢上，绣着千姿百态的花纹图案，一件罗纱的单衣上，绣有数十对对称的猛虎，似正穿山过岭追逐猎物一般，形态十分传神。可见在公元前 3 世纪时，制造丝绸的工艺和刺绣的技术水平已比较发达。此时的花纹图案已渐渐不再像商周时期注重原始图腾、巫术宗教的含义，而是表现出形式多样、形象灵活生动、写实和大型化的特点。

自秦朝至汉代，丝绸生产的地区向北已经扩大到了如今的内蒙古地区，向南到达了海南岛，同时，染丝的技术也有了极大的提高，花色品种也丰富起来。锦的出现是中国丝绸史上的一个重要里程碑，锦把蚕丝的优秀性与美术结合起来，丝绸不仅是高贵的衣料，而且成为了艺术品，提高了丝绸的文化内涵和历史价值。

在 1972 年发掘的长沙马王堆汉墓遗址中，发现了绢、锦、绣、罗纱等多种多样的丝织品。其中一件素纱禅衣最令人称奇，它全长三尺七寸，总重量却不到一两，薄如蝉翼、柔软润滑。在距今两千多年前的古代，能生产出这样高质量的衣料堪称举世无双。同时，在 20 世纪 70 年代甘肃出土的汉代丝织残片中发现了各种颜色的素绢、套花印文绢、褐色花罗、毛锦等十多种丝织品，它们色彩艳丽、工艺精良，可见秦汉时期中国的蚕丝业进入了兴盛时期。

汉代的丝绸在图案上带有极大的时代特征，当时汉代统治者非常热衷于道家的神仙学说，这一时期的丝织品图案的风格也有所反应：连绵浮动的云雾之间有各种奔腾的祥禽瑞兽，在图案的空隙处有"登高明望四海""长乐明光"等带有寓意吉祥的隶书铭文。

唐代是中国封建社会的鼎盛时期，也是中国丝绸史上最为灿烂的一个篇章。唐代的植桑养蚕更加普及，丝织品种、产量、质量都十分惊人。唐代非常重视丝绸的生产，早在唐朝初年，江东节度使薛兼训就曾以重金密命军士将北方丝织技术高超的妇女娶回江南，以提高江南的丝织技术。到唐德宗李适执政时，两浙地区（今江苏、上海、浙江一带）已成为朝廷丝绸的主要征收地。

唐代各地丝绸都有代表性的名品，如剑南、河北的绫罗，江南的纱，彭、越二州的缎，宋、亳二州的绢，常州的䌷，润州的绫，益州的锦等。仅绫一类，就多达十余个品种，如细绫、瑞绫、二色绫、云花绫等，其中最著名的当属江南地区的缭绫，它是一种用两色丝线织成，一面发光的丝绸。

唐代的印花丝绸，花色也很多，印花加工的方法，除蜡染、夹

板印花、木板压印等方法外，还有用镂花纸版刮色浆印花及画花等多种方法。此时的薄纱工艺也很精湛，当时的贵族妇女，肩上都披着一条"披帛"，大都是用薄纱做成的。另外，还有一种用印花薄纱缝制的衣裙，也是当时贵族妇女们很喜爱的服饰。

唐代不仅有丝织的美丽衣物，也有了丝织的地毯。唐穆宗时，皇宫中的披香殿用了一万两丝，织了一条宽十余丈的丝质地毯，不仅美丽松软，还散发出香气。著名诗人白居易曾写过一首《红线毯》，其中描绘道："披香殿广十丈余，红线织成可殿铺。彩丝茸茸香拂拂，线软花虚不胜物。美人踏上歌舞来，罗袜绣鞋随步没。"

丝绸之路开辟以后，中国同西亚、中亚等地区文化的交流更加频繁，丝绸起了很重要的作用。唐代的丝绸也因此呈现出中西合璧的艺术风格，其中吸取西方织造工艺而制造出的纬锦，在中国丝绸史上具有举足轻重的意义。唐代织锦的图案也反应出唐代文化兼收并蓄、雍容华贵的风格。图案多为充满生活气息的花鸟植物，色彩华丽、丰满，花纹十分精美。来自西域的忍冬纹、葡萄纹等很是常见，当时盛行的还有一种综合了各种花卉因素的想象性图案，十分美观。出土于新疆吐鲁番的唐代墓遗址的花鸟锦是一幅色彩保存完好的宝花纹丝织品。图案上共有红、果绿、棕、海蓝、金等多个颜色，图案的中心是一朵放射状的团花，中间一朵八瓣的团花与外围八朵红蓝相间的小花组成。花朵的周围蜂蝶飞舞、百鸟争鸣，呈现出生机勃勃的景象。

宋代时国力已远不如唐代，北方游牧民族的进攻更让其无法抵御，只能屈辱求和，到南宋时期更是被挤得偏安一隅，境况越发惨淡。正如宋代的诗歌、书法与唐代呈现完全不同的风格一样，丝绸的纹样风格也如同一面镜子，折射出不同时代的背景。盛唐时期的富贵奢华、奋发向上的特点不见了，取而代之的是寄情于世外自然风景、山水花鸟的隐逸生活，强调平淡之美，并且这种美与个人生活更为密切地联系起来了。宋代丝绸图案的题材非常多样，人们喜爱的花鸟虫鱼、飞禽走兽，都反映在丝绸的图案上，色彩淡雅柔和，图案更趋于写实。此外，宋代丝绸纹样中花鸟图案的盛行，与这一时期花鸟画的兴起也有着极其密切的关系。

从发掘出的南宋古墓出土实物来看，牡丹、芙蓉、海棠、山茶、月季、梅、竹等植物是这一时期流行的图案。非常多见的是用大朵的牡丹、芙蓉为主体，配上梅花、海棠等一些较小的花蕾，并且在叶子中填上许多碎花，呈现出花叶掩映的动人纹样。

元朝时，官府鼓励各国商人在境内经商，注重发展蚕丝生产，丝绸技术有了进一步提高。著名旅行家马可·波罗在元初进入中国，在他的游记中记载了二十多个地方盛产丝绸。从全国来看，黄河下游的丝织生产较前代开始回升，长江下游江浙一带在元代继续保持兴盛。元朝的统一促进了南北缫丝技术的融合，在染色工艺方面，元代新增了不少染料。

明清时期，丝绸生产进一步发展，产区扩大，特别是商品经济的繁荣，使各地丝绸的民间生产力更加解放，各地丝绸品种的质量和工艺也有所改进。江浙一带出现了许多生产丝绸的专业城镇，在全国的地位日益重要。南京的云锦异军突起，成为优秀传统文化的杰出代表。清代还出现了机器缫丝厂，成为近代民族资本机器工业的肇始。

明清时期海外贸易也很发达，除了官方贸易，民间走私也时有发生。但鸦片战争以后，中国关税不能自主，丝绸生产畸形发展，各资本主义国家大量掠夺中国生丝，却阻扰中国绸缎贸易，并依靠机器大工业生产出廉价丝绸转向中国倾销，使中国丝织业受到了打击。

中国丝绸业绵延几千年，为华夏文明织绣出了光辉的篇章，同时也对整个人类文明的发展作出不可磨灭的贡献。丝绸有着"纤维皇后"的美誉，以其优良的质地、广泛的用途以及带有梦幻般的美感，使世界为之倾心。当丝绸沿着那条古道传向欧洲的那一刻，丝绸便已成为东方文明的传播者和象征。

汉初丝绸的对外贸易

中国的丝绸主要是以贸易渠道走向世界的，西汉初张骞出使西域的活动对扩大丝绸对外贸易，以及陆上丝绸之路的形成都起了巨大的作用。

远古时代，海运还没有畅通，外国与中国的交往及我国新疆地区与内地的交往，唯一的通路就是陆路。所以有许多学者认为，陆地丝绸之路作为一条古老的商路，可能在汉代以前就已经有丝绸商队往来了，这一说法可以从一些考古发现和《山海经》等古代著作的记述中得到依据。毋庸置疑的是，丝绸之路正式成为通衢大道，还是从汉武帝派张骞通西域开始的。

汉朝初年，北方广袤的大草原上，各部落连年混战，强悍的匈奴征服了许多游牧部落，占领了河西走廊，打断了东西交往的通道。并且不断向内地进犯，发动侵扰战争。

在一次交战中，汉朝大败匈奴，抓了许多俘虏。其中一个俘虏不但不求饶，反而狂傲地叫嚣："赶快把我们放了，否则我们的首领不会轻饶你们的！当初的大月氏国那么厉害，他们的国王还不是被我们砍下头颅，用头骨当酒器了吗？"汉武帝听罢大怒，立即下令把他斩首。怒气渐消后，汉武帝开始深思：这名俘虏所说的大月氏国在哪里呢？如果能联合起大月氏和西部国家夹击匈奴，岂不是令匈奴腹背受敌，再不敢嚣张了吗？

为了联合大月氏，打败匈奴，保障东西交通，汉武帝决定派遣使者去西域。公开招募使者的旨意颁出不久，一个勇敢的年轻人就被选中了，这个人就是张骞。张骞是陕西汉中人，当时还不到三十岁，在官府中担任郎官。他英武健壮，为人顽强果断，汉武帝见到张骞后十分满意。同时入选的还有大约一百名青年，随张骞一同出使。其中有一个叫甘父的人，他原本是匈奴人，在战争中被俘，成为堂邑县一个贵族的奴仆，所以他又被叫做堂邑父。甘父虽是匈奴人，但他是作为普通百姓被强行征入匈奴军中的，所以对匈奴统治者发动的掠夺战争非常痛恨。由于甘父有着惊人的射箭本领，他被选入了汉军。在出使西域的路上，甘父成为张骞忠实的助手。

　　公元前138年，张骞带着汉武帝写给大月氏的结盟书信，手中持"节"（古代出使外国所持的凭证，多为七尺长的竹竿，从上至下挂着几缕牦牛的毛）率领着这支队伍从长安出发了。张骞想把结盟的书信送到，意味着要经历几千里的漫长旅途，沿途重山阻隔，还有茫茫草原和荒漠。没有向导指路，而且大月氏受到匈奴的进攻以后，败退迁徙，人们根本不知道大月氏部落到底在哪里，他们只能朝着大致的方向前进。更危险的是，想要到达大月氏所在的中亚地区，就要穿过匈奴控制的领地。

　　在接近匈奴的领地时，张骞一行人快速进发，想用最短的时间穿过匈奴的控制范围。可不幸的是，他们仍然被敌人发现并被抓住。张骞被人用车送到单于那里。

单于得知张骞一行人去月氏的意图后，一脸不高兴地说："月氏在我的北边，汉朝人怎么能往那儿出使呢？我如果想派人出使南越，汉朝肯任凭我们的人经过吗？"于是单于扣留了张骞。这一扣就是十一年，单于还给张骞娶了一个妻子，并生了儿子。

匈奴人以为张骞在这里已经生活了十多年，还有了妻子和孩子，现在就算赶他也不会走了，渐渐地，就放松对张骞的警惕。然而张骞时刻都没有忘记自己的使命和他汉朝使者的身份。一天，张骞找准了机会，带领他的一些部属一起向月氏逃亡。

张骞带领随行人员凭着仅有的干粮和水向西一路疾进。有时走迷了路，张骞就靠日月星辰的位置来判明方向。一行人沿途风餐露

宿，饥渴交加，有些同伴因饥渴而死去了，幸好甘父和几名随从箭术精准，沿途不断射猎飞禽和野兽给大家充饥。经过艰苦的前进，一天，他们眼前出现了一片浩瀚无边的咸水湖，也就是现在新疆的罗布泊。当时的楼兰古国的国都就在湖边。因为当时的楼兰国驻有匈奴的军队，他们不能进去，张骞只好带领大家储存好干粮，问清了去月氏的路，就沿着现在塔里木盆地北缘的道路继续前行。

当时的新疆地区有几十个小国，有的地方一个大的绿洲就是一国。张骞的队伍一路经过了龟兹、疏勒等八个小国，往西又走了几十天，来到了大宛国，它位于现在的乌兹别克斯坦费尔干纳盆地，有约三十万人口。大宛早就听说汉朝财物丰富，想和汉朝交往可找

不到机会，所以见到张骞后非常高兴，问他要到哪里去。张骞说："我要出使月氏，但是被匈奴封锁道路，不让通行，现在逃亡到贵国，希望大王能派人带路，送我们去，假如能够到达月氏，我们返回汉朝后，汉朝一定会答谢您的。"大宛答应护送他们，并为他们派遣了翻译和向导。张骞一行人被送到康居，康居用车将他们送到大月氏。

原来的大月氏兵败后，部落中立了首领的夫人为王，此时的大月氏已经使大夏臣服并统治着它。那里土地肥沃，物产丰富，没有侵扰，心境悠闲安乐，又自认为距离汉朝遥远而不想亲近汉朝，全然没有向匈奴报仇的意思。张骞从月氏到大夏，始终得不到月氏王明确的回复，逗留一年多后，只得返程。

为了躲开匈奴，张骞的队伍想从羌人居住的地方回到汉朝，于是从葱岭南取道青海向长安进发。谁料，匈奴人如同不散的阴魂一样，又一次把张骞和几个随从截获了。张骞被扣留并戴上脚镣手铐罚做苦工。这次张骞有些绝望了，想一定会死在匈奴，不料一年多以后，脱身的机会来了。碰巧单于死去，匈奴国中为了争夺王位产生了混乱，张骞便在甘父的协助下趁机逃跑了。

公元前 126 年，也就是出发的十三年后，张骞终于回到了长安。这次悲壮豪迈的出使，去时的一百余人，回来的只剩张骞与甘父两个人了。在这十三年中，虽历尽艰难险阻，可那支代表张骞神圣使命的"节"却始终没有丢失。在宫殿里，当张骞把那支几乎毛都掉光了的汉使"节"双手奉上的时候，汉武帝非常感动，立即授予张骞为太中大夫，并封甘父为奉使君。一时间，张骞出使的经历震动了长安。

不久，张骞随卫青出征匈奴，他依靠丰富的知识负责敌军的情报和沿途的给养。卫青军与敌军展开厮杀后，张骞收集的水源和牧草分布情况成为汉军的有力保障。他们取得了节节胜利，武帝封张骞为"博望侯"，这是对他见多识广、知识渊博的赞赏。

张骞出使西域，汉与大月氏结成联盟的目的虽然没有实现，但张骞却带回了很多有关西域的重要信息，除了大月氏，还了解到更远的西方和南方国家的一些情况。张骞为汉武帝讲述了西域新奇的物产如胡萝卜、大蒜、芝麻、苜蓿、葡萄，还有著名的汗血宝马，并将沿途所见的山水、人物、民俗等讲给汉武帝听。张骞在西域的所见所闻，使汉武帝对西域产生了极大的兴趣。汉武帝此时的想法也发生了转变，认为结盟不成，通商也不失为一个好的选择，并问张骞是否能找一条去西域而不受匈奴阻拦的路。

张骞想起来在大夏国时，曾在市场上看到了一种出产于四川的竹杖和细麻布，并且当时商人告诉他这些货物是从身毒（印度）买来的。身毒在大夏的东南方向，因此可以推断从中国的西南地区出发，也一定可以到达西域地区。为了开辟出这条新路，张骞又一次作为使节从西南地区去往大夏。但是他们到达了宜宾和昆明一带时，探寻道路受阻，滞留了一年多时间，只得无奈返回。

后来，张骞上书劝汉武帝联合乌孙（在现今伊犁河流域）。于是，汉武帝拜张骞为中郎将，率领三百人的出使队伍，带着许多牛羊金帛，于公元前119年出使乌孙。这一次使命是与乌孙人结成联盟，"以断匈奴右臂"。

张骞到达乌孙后，正赶上乌孙发生内乱，结盟的目的没能实现。但张骞利用这次机会，与西域、中亚多个国家建立起了官方互通使节的关系。张骞把队伍分成四路，分遣他的副使到大宛、康居、月氏、大夏，分别带着礼物到这些部落。中国使者受到许多部落的友好接待，安息（在今伊朗高原和两河流域）国王专门组织了两万人的盛大欢迎队伍。一年多以后，这些国家都遣使随汉朝的副使一起来到长安。汉与西域各国开始正式往来。

不久，通西域成为了一种风气，各部落使节来拜见后，汉武帝派出更多使者前往，商人们也纷纷前往进行贸易，只要报上"博望侯"张骞的名字，就会很快取得当地人的信任。随着汉朝在中亚的影响力越来越大，乌孙国王同意与汉朝交好，并与汉通婚。于是，中国与西域各国的贸易往来更加频繁。

张骞两次出使西域，历时三十余年，用尽毕生心血，在民族交流史上开辟了新纪元。他为人诚恳，坚忍磊落，危难中不失气节，受到许多国家和民族的尊重。张骞每到一处，遍访当地风俗民情，山河物产，留意一切对汉朝有用的信息，并向武帝提出许多重要的建议。据说设立酒泉郡、移民屯田开发河西一带都是张骞的提议。张骞出使西域被誉为"凿空"的行动，开通了中国与亚欧大陆间的贸易通道，建立了中国与中亚、西亚、南亚和欧洲地中海沿岸的丝绸贸易关系，标志着"丝绸之路"的全线开通，丝绸之路也从此正式成为中国联系东西方的"国道"。东西方的商人们纷纷沿着张骞探出的道路往来贸易，成就了著名的"丝绸之路"。

传丝公主

中国养蚕缫丝的技术大约在 4 世纪传到中亚、西亚，6 世纪传入罗马（也有学者认为：传入罗马的时间可能会更早些，因为在《后汉书》中有"大秦国……人俗力田作，多种树、蚕桑，皆髡头而衣文绣"的记载）。古代的中国和周边的一些少数民族邦国，对于养蚕的方法是对外保密的，养蚕的技术究竟是怎样传入西方的，有着多种说法，其中"传丝公主"与"僧侣间谍"的故事流传最广。

唐代高僧玄奘所著的《大唐西域记》中，记载了这样一个丝绸技术传入中亚地区的有趣故事。古时在于阗（现今新疆的和田一带）有一个名为瞿萨旦那的国家，瞿萨旦那王是个有才能并且体恤百姓的君主。一天，他看到一队商人用骆驼驮着质地柔软、色彩鲜艳的丝绸在他们的京都集市上出售，虽然价格昂贵，但很快就被百姓们抢购一空。当他打听到这些丝绸来自遥远的东国，想到本国土地肥沃、雨量充沛、气候温暖、适合于植桑养蚕时，他立即备下厚礼，派了使臣前往东国求购桑蚕种子，准备在自己的国土上大量种植桑树养蚕，织出丝绸，让他的臣民们过上好日子。瞿萨旦那国的使臣带着厚礼，经过长途跋涉来到东国，向东国君王说明了来意。东国君王怕植桑养蚕技术外传，影响了他的丝绸贸易，于是只回赐了一些丝绸面料，并没有赐给桑蚕种子。为了防止桑蚕种子外流，还下了一道密令，命令通往西域各国的关卡严加盘查，绝不让一粒蚕种和桑种出关。

　　使臣只好扫兴而归，瞿萨旦那国王十分失望。但是，瞿萨旦那国王并没有就此罢休，他想出了一个巧妙的办法——向东国的公主求婚。幸运的是，此时东国国王正想向西壮大自己的势力，于是答应了这个请求。迎娶公主时，瞿萨旦那王的使者觐见公主时对她说，瞿萨旦那国非常富有，公主出嫁之后一切可以依照中原的生活方式，只是当地不产丝绸，公主最好设法带出些蚕卵和桑种，将来好为自己做衣服用。公主听了使者的话，在离开故土之前，秘密弄来了一

些蚕桑种子，放在了自己头上那顶华贵的冠冕中，并带上几个熟悉养蚕纺织的宫女随自己一同去瞿萨旦那国。

迎亲当天，公主出嫁的队伍浩浩荡荡地

到达了边关。边境的官员虽然仔细搜查行囊，但又有谁敢去搜查公主头上的冠冕呢？于是，蚕桑种子就这样传到了和田一带，留在离王城五六里路一个叫鹿射的地方。新春伊始，就开始种桑，养蚕的季节一到，人们就开始采养。刚来的时候，桑叶不够，蚕还要吃些杂树叶子，不几年，就桑树连荫，蚕宅遍地。公主刻石为制，颁布了严格保护蚕桑的命令，不许伤杀桑蚕，蚕蛾飞尽，才能治茧抽丝。并专门在鹿射建立寺院，供奉最早的桑树和蚕种。玄奘去往印度时经过这里，还参拜过这个寺，并看到几棵枯老的桑树，同时把这个传说记载在了《大唐西域记》中。

非常巧合的是，20 世纪初，英国"探险家"斯坦因在中国新疆境内进行考古挖掘的时候，在和阗（今我国新疆和田地区）的丹丹乌里遗址中发现了一块古代画板。在这幅画中有三个人，中央画着一位盛装的贵妇，头上戴着美丽的高冕。右侧画着一个人手里拿着一个纺车，左边地上放着一个盛满蚕茧的篮子。有一个侍女模样的人，手指着贵妇头上的帽子，似乎在暗示帽中藏着桑蚕种子的秘密。这块画板正好契合了东国公主传丝西域的故事。

欧洲人的"丝绸之战"

美丽的丝绸在外传的过程中深受中亚、西亚人民的喜爱，同时也引起了欧洲人民非常浓厚的兴趣。在遥远的古代，当人们把地中海一带的玻璃珠等物品带到中国时，就把珍贵的丝绸带回了西方。

当时，中国是世界上唯一能够织造轻柔美丽丝绸的国家，因而被古代世界各国称之为"丝国"。罗马的一位作家曾称赞说："丝国制造宝贵的花绸，它的色彩像野花一样美丽，它的质料像蛛网一样纤细。"

自从西汉时期张骞通西域之后，中国的丝织品更多地传向欧洲，欧洲人把这些轻盈柔软、光彩华美的丝绸视为珍品，争相购买。据说，罗马帝国的恺撒大帝有一次穿着一件用中国丝绸做成的袍子去看戏，整个剧场都轰动了。丝绸一时间成了奢华、尊贵的象征。

随着进口丝绸数量的增多，更加引起各国人对丝绸的无限向往，罗马的富豪、贵妇名媛，争先恐后地购买、穿着丝绸的衣物，到处炫耀。因为丝绸十分昂贵，当时的罗马帝国因进口丝绸而出现了财政赤字。为此，元老院专门通过了一项禁止销售和穿着丝绸服饰的法令，但这激起了痴迷中国丝绸的贵族们强烈的反对，无奈之下，只能撤销这一禁令。

随着丝绸越来越受到推崇，那些想赚取更多钱的商人们，就结成庞大的商队，不顾千山万水，将东方的丝绸运到西方，又将西方的物品进行运载来东方，丝绸贸易成为运销最远、规模最大的商品贸易。就这样年复一年，贩运丝绸的商路，就逐渐成为了各国频繁往来的大道，也就是沟通欧、亚大陆的"丝绸之路"。

由于到中国路途遥远，无法直接看到丝绸是怎么生产出来的，所以西方人对中国的丝绸充满着种种猜测和传说，有人认为丝是从树中抽取出来的，然后用水湿润梳理，纺织而成的。还有人认为丝是地上长出来的。当得知贵比黄金的丝绸是通过养蚕、缫丝、纺织就可得到时，西方人便决心不惜一切把中国的养蚕术学到手。

古代的丝绸就如同我们现今的石油，俨然已成为操纵着世界经济和国家利益争端的一只有力的"手"。中亚与欧洲各国都绞尽脑汁，希望得到蚕种与桑种，甚至为垄断西方的丝绸贸易而发动战争。

当时，控制着亚欧大陆丝绸贸易的是波斯这个中间商。波斯从中国大量进口生丝和素锦，进行织染加工，然后转手高价卖给罗马，获取了巨大利润。丝绸经济给波斯社会带来极大的繁荣昌盛。

公元 224 年建立起来的萨珊波斯帝国是一个强盛的王国，强盛富足的社会意味着对丝绸更加旺盛的需求。然而，此时东方强大的汉王朝已覆灭，接下来的魏晋南北朝都是一些短命的王朝，忙于你争我夺，根本无力控制广袤的西域地区，丝绸贸易因此受阻。为满足国内的丝绸需求和对西方的丝绸贸易，强大的萨珊波斯帝国开辟了海上丝绸之路，从中国南方进口丝绸原料。然而，随着进口成本的增加，波斯变本加厉地抬高对西方的成品丝绸出口价。

公元330年，罗马帝国一分为二，建都君士坦丁堡的东罗马帝国自恃强大，不满波斯从中盘剥，于是通过海上丝绸之路自己进口丝绸原料，并在现今的叙利亚地区建立起了自己的丝绸加工业。此举惹恼了萨珊国王沙普尔二世。当时，萨珊王朝与东罗马帝国之间在叙利亚地区本来就因领土争端而时有冲突发生，又眼见东罗马帝国抢走了自己的丝绸贸易垄断权，沙普尔二世不禁怒火中烧。

公元360年，沙普尔二世亲率大军出征叙利亚，这一战取得完胜，不仅解决了领土争端，将叙利亚地区并入萨珊波斯帝国版图，而且还将叙利亚的丝绸织染工和有关设备尽数掳到波斯本土，一扫当地的丝绸经济，再次将丝绸贸易垄断权牢牢掌握在自己手中。

后来，东罗马帝国又绕道东地中海、红海，从海上丝绸之路也不断得来一些丝绸原料。为了免除再次被波斯铲断的后顾之忧，他们将丝绸织染加工设置在了君士坦丁堡的皇家作坊内，严禁外面进行丝绸织染加工。这倒是安全了，但也严重阻碍了丝绸织染业的发展，因此东罗马帝国境内成品丝绸的生产始终有限，不能满足社会的大量需求，还得依赖从波斯进口。

作为丝绸出产地的中国，当然深知丝绸贸易在国民经济中的重要地位，因此中国方面只允许丝绸和蚕丝出口而严禁蚕种出境。出境客商在边关口岸都要被搜身检查，有偷带蚕种出境的将被处以重刑。

掌握了丝绸生产技术的波斯，尽管仍然从中国进口丝绸原料，但总体来说国内丝绸总量大幅度提高，而成本也下降不少。照理说，丝绸出口贸易的价格也应当随之下调，但是傲慢的波斯依仗垄断不降反升。丝绸价格的暴涨让东罗马帝国忍无可忍，只好兵戎相见，

打有丝绸作后盾的波斯，屡战屡败，只好忍辱接受

又过丝绸经济强大盾的

但又不着经济强大

波斯人的重利盘剥。

公元542年，迫于巨大的丝绸经济压力，查士丁尼大帝不得已与波斯开战，结局又遭惨败。查士丁尼也不愧为一代雄主，深知要解决国内的丝绸需求，稳定国民经济，最根本的办法是获得丝绸生产技术。于是，一场围绕丝绸的"间谍战"展开了。

不久，查士丁尼召见了几名僧侣，许诺他们若带回蚕桑卵种，一定以重金奖赏。这几位僧侣不远万里来到中国，费尽心机，以佛教为掩护，先向中国南方地区的人民学习了整套养蚕和缫丝的技术，最后他们弄到了大量的蚕卵和桑种藏匿在空心的手杖中，带到了中国北方。当时正处于南北朝混战局面，加之当时中国盛行佛教，僧侣受到的约束较少，边境官吏丝毫没有觉察几个僧侣的猫腻。结果，中国丝绸制造技术就这样被轻易地带出了国门。

桑种和蚕卵传到地中海地区后，这里宜人的气候十分适合桑树生长，桑蚕养殖业在东罗马帝国境内迅速建立起来，随后丝绸生产技术进入西方其他地区。此后，波斯虽然仍是亚欧丝绸贸易的最大中间商，却失去了对丝绸贸易的垄断权。

丝绸之路这条华丽的纽带，镶嵌着一颗颗璀璨的明珠。它们有的是丝绸之路上高度发展的大都市；有的占据着得天独厚的地理位置，是兵家必争的战略要地；有的是两千多年前开辟与捍卫"丝路"的古战场，是许多威武雄壮的历史事件的发生地。关于它们，有数不尽的古老而神秘的传说，它们经历了古时的繁华与喧闹，又迎来了今天的新发展。

西安与洛阳这两座有着厚重历史的古都，河西走廊上的著名四郡，还有那承载着悲壮的一座座雄关……都引起了人们对丝绸之路的漫漫悠思。

古道悠悠起于谜

关于陆上丝绸之路的起点问题，近年来学术界对于这个问题的争论从未停歇，争论的焦点主要在丝绸之路的起点到底是在陕西西安还是在河南洛阳。

位于八百里秦川中的陕西西安，是我国十三个王朝的故都，也是丝绸之路东头的历史名城。西安周围风景如画，田园似锦，城西北十余里的渭水之南，有被称为"斗城"的西汉长安城遗址。西汉时代，出"斗城"西门直城门西行，就算是开始了万里的"丝路"之行。唐代长安城在"斗城"东南，当时不仅是唐

代的国都，而且是与东罗马帝国首都君士坦丁堡并称的两个世界交流中心。宋代钱易所著的《南部新书》一书中记载，唐长安城西开远门外，有一立在土墩的石碑，上写"西去安西九千九百里"，表明唐代丝绸之路以此为起点。

西安的大雁塔、小雁塔和兴教寺，是和高僧玄奘、义净的名字连在一起的著名遗迹。西安周围约一些墓葬中，出土了色彩鲜艳的唐三彩陶塑，那些满载着丝绸的骆驼和牵驼胡俑，再现了丝绸之路驼队的形象；而胡瓶、凤首壶、象首杯等，则是受萨珊王朝金银器的影响而制作的日用品。章怀太子墓中的壁画《打马球图》，描绘着波斯传入的一种马上游戏，《礼宾团》则留下了唐朝与外国使节交往的场面。西安还有全国最大的"石质书库"——碑林，刻载着包括丝绸之路在内的许多珍贵史料。西安西四十千米的茂陵，是西汉五陵之一，这里埋葬着汉武帝及名将霍去病。霍去病墓上雕置的汉代石刻，是气势博大和别具风格的珍贵艺术品。

一些学者认为，西汉时期张骞凿通了往来西域，开辟了从长安经甘肃、新疆，到中亚、西亚，并联结地中海各国的陆上通道，逐渐成为举世闻名的丝绸之路。可见古代丝绸之路，起点是在长安。长安是汉朝和唐朝的国都，当时各地丝绸和其他商品集中在长安以后，再由各国商人把一捆捆的生丝和一匹匹绸缎，用油漆麻布和皮革装裹，然后浩浩荡荡地组成商队，爬上陕甘高原，越过乌鞘岭，经过甘肃的武威，穿过河西走廊，到达当时的中西交通要道敦煌。另外青海也是丝绸之路的重要通道，再往西便是新疆的塔克拉玛干大沙漠。

"丝绸之路"的命名者李希霍芬，将西汉武帝元朔二年（公元前127年）至元鼎三年（公元前114年），由长安通往河间（中亚的阿姆河与锡尔河之间）地区，以丝绸贸易为媒介的交通路线称作"丝绸之路"，继而延伸到叙利亚及遥远的西方，以及由成都经东

南夷通往身毒（今印度）的南方丝绸之路，这一观点已被全世界学术界所公认。

但是，也有一些学者认为，洛阳才是丝绸之路的起点。河南洛阳是我国著名的古都，也是东汉、三国曹魏、西晋、北魏等时代丝绸之路的东起点。这里有我国最早的佛寺白马寺；这里有最早来中国的外国高僧摄摩腾、竺法兰的塑像和陵墓；这里有汉、魏旧城南伊、洛之间的古外侨聚居区；这里有唐代去西域名僧义净的陵墓；这里有远近闻名的龙门石窟……

东汉时建都雒阳（今洛阳以东），渐渐地，雒阳取代长安成为全国最大的商业中心。在雒阳的东方，青州、兖州地区适宜种植桑麻，民间丝绸手工业得到普遍发展，官府也拥有规模庞大的丝绸手工业。这些民间或官府生产，输往西方的高级丝绸，由中原商贾或西方商人来到雒阳采购外运。

东汉时期，丝绸之路的主要途经地点是自雒阳西行，经长安、陇西郡狄道（今甘肃临洮）、张掖郡苏得（今甘肃张掖西北）、敦煌，走北道出玉门关，沿天山西行，经伊吾（今新疆哈密西）、疏勒（今新疆喀什），过葱岭（今帕米尔高原和喀喇昆仑山），出大

宛、康居、木鹿城（此三城均在原苏联境内），经安息国和樶城（今伊朗达姆甘）、阿蛮（今伊朗哈马丹），斯宾（今伊拉克巴格达）至安都城（今叙利亚非拉墓亚），然后还可乘船到大秦（罗马帝国）。东汉的丝织业比西汉进步，以雒阳为起点的东汉丝路交通较前更加繁荣。而且，于洛阳出土的古代东罗马金币、波斯银币及大量的三彩胡俑等文物，无一不印证了洛阳与丝绸之路的密切关系。

关于丝绸之路起点问题，以上的说法各有道理，却一直没有形成统一的观点，而且在近年来讨论得更加热烈。1988年联合国教科文组织启动了"对话之路：丝绸之路整体性研究"项目，引发了世界范围对丝绸之路的浓厚兴趣，一些有识之士开始考虑将丝绸之路整体或部分申报世界遗产。在1994年，我国就将丝绸之路中国段列入了世界文化遗产的预备名单，于是，起点之谜再次引发关注。

2006年8月上旬，丝绸之路"联合申遗"开始进入实质性准备阶段。联合国教科文组织世界遗产中心、中国国家文物局主持的丝绸之路申报世界文化遗产国际协调会在新疆召开，在这次会议上形成了《共同行动纲领》。《纲领》指出：丝绸之路中国段始于公元前后的中国汉代东西两京（洛阳、长安），止于清代末期。

可以说，《共同行动纲领》对丝绸之路的起点问题给出了明确的说明。从历史上讲，整个东汉时期和唐代高宗李治显庆二年（公元657年）以后，长安和洛阳被合称"两京"，长安城、洛阳城是中外人民聚居的地方，同是丝绸之路上的重要都市，这是毫无疑问的。西安和洛阳都是丝绸之路中国段的起点，单独强调某一个地方都是不全面的，所以，无论西安还是洛阳，在加强宣传的同时，都应做好自己的文物保护工作，加强合作，把同属于中国的两个起点文物保护工作做好，一起为丝绸之路的文化传承作出努力。

丝路多干线

由于经历的历史时间长，丝绸之路有很多分支，但一般认为，陆上丝绸之路是从西安（因为西安处于我国西部，因此我们在提到丝绸之路路线时，以西安为起点进行介绍）出发，经甘肃和青海、新疆而到中亚、西亚的路，它大致可分为北、中、南三段。

北路，从西安出发，经泾河流域的泾川、平凉，过六盘山向西，在靖远附近渡过黄河，再经过景泰、大靖到武威，向前进入内地通往新疆的要道——著名的"河西走廊"，它东起乌鞘岭，西至玉门关，南北介于南山（祁连山和阿尔金山）和北山（马鬃山、

合黎山和龙首山）间，长约九百千米，宽数千米至近百千米，为西北—东南走向的狭长平地，形如长廊，称"甘肃走廊"。因位于黄河以西，又称"河西走廊"。沿河西走廊西行，通往西域。

这一条路通行于秦汉时期，是较早的驿道。之所以选择这条路线，除距离较短以外，很可能与当时抗击匈奴有关。古时的驿道与戍边、屯垦紧密相连，因为交通顺畅是军事行动的重要保障，要想军事上取得优势，修建长城是非常有效的方法。匈奴属于游牧民族，主要使用骑兵，每年到了秋高马肥的收获季节，驰骋南下，倏来忽往，大肆掠夺，难以捕捉和击败。古人沿着中国境内的丝绸之路修筑了漫长的长城，有了长城，把匈奴驱于大漠之外，匈奴想绕道进攻，势必增大了难度。同时，驻守兵马守护长城，并采用就地屯田解决了军队的给养问题。这样，汉军养精蓄锐，以逸待劳，而匈奴远道而来却需要从后方运粮，一旦粮尽水绝，必然难以持久，丝绸之路的安全就得以保护。古人这种戍守、屯田和设立驿站的做法，也为今天根据戍守和屯田的遗迹来确定丝绸之路的走向提供了科学依据。

南路，即从西安出发，大致经过天水、秦安、陇西到达临洮和兰州。张骞出使西域、唐高僧玄奘求取真经都是从这里经过。

中路，是宋代以后才正式开辟出来的。由西安、平凉过六盘山，经过华家岭、定西、榆中到达兰州，进入河西走廊。虽然开辟的时间较晚，但丝毫不影响它的繁盛，直到明清，仍然是陕西甘肃的主道。

此外，南路自临洮、兰州以西还有几种走法。

第一种走法是扁都口道。即从兰州经过青海民和、西宁、大通和俄博，越过祁连山和扁都口，在张掖入河西走廊。东晋名僧法显西行，就曾走过这条路。

第二种走法是东西方向纵贯青海，到新疆罗布泊南，进入新疆南道。因为现今的青海古时曾属于吐谷浑国，有历史学家也将它称为"吐谷浑道"。这条路从兰州到西宁、湟源、青海湖西北的都兰，途经柴达木盆地北至新疆罗布泊南的鄯善。公元635年，唐太宗令李靖、侯君集分兵六路进兵吐谷浑就曾经过这条道路。

第三种走法是从临洮到临夏以东，再由临津关或大夏河口渡河到民和，经西宁、扁都口进入河西走廊。或都经过西宁与青海北部到达新疆罗布泊以南进入西域南道。这条道路开辟得比较早，大约

在汉代就已经通行了，北宋时曾经作为于阗的贡道。这条路繁盛于汉、唐、宋三代，是新疆南道通往中原的重要商路，当时许多国使和商人都经过这里往来于中国内地与西域之间。

第四种走法是由兰州至青海格尔木、西藏，再进入尼泊尔、印度。唐代文成公主嫁到西藏，名僧玄照于贞观十五年以后，在文成公主的帮助下，从西藏经尼泊尔到达印度，回来时因发生战争没能走原路，最后客死于印度寺院中。

以上几条路线，总体上因为当时的政治、军事、经济或自然条

件的变迁而各有其重要性。在各个时代各条路的局部地段也略有变更，但大致走向变化并不大。从长期来看，渭河和泾河流域至河西、吐谷浑两条路，是丝绸之路经甘肃、青海的主道。南北朝时期，宋、齐、梁等政权，曾由四川成都沿岷江而入青海道西行，与西域往来。明代置嘉峪关后，侧重走嘉峪关至哈密间的大道，哈密逐渐替代了敦煌的地位，成为中西交通咽喉，玉门关和阳关古道逐渐荒废。

海上丝绸之路的主干线：主要有东海丝绸之路和南海丝绸之路。自中国南部直接西航，或经由滇、缅通道再自今缅甸南部利用海道西去，或经由中亚转达印度半岛各港再由海道西去。

草原丝绸之路：安史之乱后，吐蕃占据了西域和河西地区，中原与西方传统的陆上丝绸之路遭到阻隔，由于回纥与唐朝关系比较密切，加之回纥有其独特的地缘优势，因此，中原和西方商人大都改道经过回纥进行交易。这样，东起蒙古高原，西至黑海沿岸，横贯欧亚北方草原地带的草原丝绸之路的重要性就显得更加突出。

除了陆上丝绸之路、海上丝绸之路和草原丝绸之路外，在隋唐时期还有一条自长安经吐谷浑到吐蕃，然后经尼泊尔到达印度的新的丝绸之路。唐代之后，这条丝绸之路得到进一步的拓展。

河西四郡

秦汉以来，好战的匈奴对汉民族威胁很大。汉初，匈奴东败东胡，西逐大月氏，占据河西，并以河西为基地，屡犯汉境。西汉接近匈奴的郡县，成为匈奴掠夺的对象。汉王朝曾对匈奴采取和亲政策，希望换取暂时的安宁，但是，这种希望被匈奴骑兵的频繁侵扰和掠夺所打破。汉武帝时，汉王朝国力日渐强盛，于是放弃了和亲政策，对匈奴发动了大规模的军事反击。

元狩二年（公元前 121 年），骠骑将军霍去病率兵西征，沉重打击了匈奴右部。战役之后，汉武帝采取了设郡县、筑塞垣、移民实边和分兵戍守等重大措施,巩固和建设河西。同年,分河西为武威、酒泉两郡。元鼎六年（公元前 111 年 ），又增设张掖、敦煌两郡。在此同时，又建玉门关和阳关。

河西走廊地理位置优越，它东面以黄河为天堑，南面以祁连山为屏障，北枕合黎，西连沙碛，再加上筑长城、设郡县、移民屯垦，经济上逐渐充实，很快就成为四面有关，军事、经济上自成区域的强有力的警备区。汉代这些深谋远虑的举措获得了极大的成功，一方面在军事上实现了驱匈奴出河西，缓和了匈奴对西北的威胁；另一方面把河西由匈奴的骚扰基地变为汉经营西域的前进基地。此外，不容忽视的是东西交通从此畅通。汉使去西域，及此后商旅往来，不必冒险从匈奴境内通过。

河西四郡和两座雄关的设立，有力地保障了丝绸之路的畅通，"列四郡、置两关"，成为"丝路"交通史上的重大事件。武威、张掖、酒泉、敦煌四座城市，虽然城郭地址已累有变动，但它们的名字，已延续了两千多年。

武　威

四郡中最东面的是武威，古时又称凉州，位于现今的甘肃省中部，它是河西走廊的东大门，对北击匈奴、保障丝绸之路的安全起着重要的作用。

武威很早就有人居住，是古代西羌的地域，在《禹贡》中属于九州之雍州。这里是一个得天独厚的地方，地势险要，向来是"匈奴往来冲要，汉家行军旧道"。这里利于耕战，是西北的战略要地。北部沙漠是"鸣镝之野，驰骛之场"，南面紧邻西羌，自南而西是峰峦叠翠的祁连山，一直延绵到酒泉。中部有险峻的东西峡道。

武威的经济地位也相当优越，它的中心区处于四周高山环绕、中间低的武威盆地之中，有肥沃的平原和河水的灌溉，极有利于发展农业。南部及西南部草场丰茂，可耕可牧；北部有很大的盐场。因此，它被称为"兵食恒足，战守多利，斗粟尺布，人不病饥"的地方，历史上有"银武威"之称。白塔寺、天梯山石窟、罗什寺塔都是远近闻名的古迹，见证了武威的兴盛。

《汉书·地理志》中称，武威"地广人稀，水草宜畜牧，故凉州之畜为天下饶"。《新唐书·地理志》中载，武威还是蚕桑业比较发达的地区，所产白绫，既是贡品，又是外销产品，常常远销西域诸国。以上记载，虽是一时之盛，但可说明武威确有殷富的条件。

东晋末年割据势力作乱和其他外患导致中原沦陷，边陲不保，群雄混战，生灵涂炭。司马王室南迁，而北方的黄河流域则成为各少数民族的逐鹿之地。中原北地风雨飘摇，政权更迭，建立了许多小国。历史上习惯统称这个时期为五胡十六国（公元304—439年），五胡是指匈奴、鲜卑、羯、氐、羌五个少数民族，十六国是指前凉、后凉、南凉、西凉、北凉、前赵、后赵、前秦、后秦、西秦、前燕、后燕、南燕、北燕、胡夏、成汉。此外，还有在当时具有较大影响的仇池、代国、高句丽、冉魏、西燕、吐谷浑等，实际远不止十六国。而此时的凉州并没有大的动乱，生产也比较稳定，中原及关中地区的许多人争相逃往凉州。

同时，武威有着深厚的历史文化积淀，提起青铜器"马踏飞燕"（铜奔马），恐怕无人不知，这件现藏于甘肃省博物馆的国家级保护文物，就出土于武威。1969年，在施工的过程中，人们无意中发现了东汉时期镇守张掖的军事长官张某与其妻合葬的墓，一大批青铜器出现在了世人眼前，这匹造型精巧的铜奔马就在其中。

这匹正撒开四蹄飞奔的骏马体态矫健，昂首甩尾，头微微左侧，三足腾空，只有右后足落在一只展翼疾飞的鸟背上。骏马粗壮圆浑的身躯显示了它强大的力量，但其动作又是如此轻盈，以至于人们似乎忘记了它只是通过一足就将全身重量都放在了一只小小的飞燕身上。它仿佛嘶鸣着，额鬃、尾巴都迎风飘扬，充满了"天马行空"的骄傲，飞燕似乎正回首而望，惊愕于同奔马的不期而遇。这简直就是古人"扬鞭只共鸟争飞"诗句的真实再现。骏马体型的每一部分都异常完美而匀称，姿态动感强烈，同时也保持着精确的平衡。雕塑的重心显然经过了极其周密的计算，稳稳地落在飞马的一只足上。作为具有三维空间的圆雕作品能取得如此非凡的艺术效果，作者想象力之卓越、构思之新颖以及铜铸工艺运用之巧妙，都令人惊叹不已。

骏马在中国古代是作战、运输和通讯中最为迅速有效的工具，而强大的骑兵也曾经是汉朝反击匈奴入侵，保持北部地区安定必不可少的军事条件，所以汉人对马的喜爱超过了以往的任何一个朝代，并把骏马看做是民族尊严、国力强盛和英雄业绩的象征。

"马踏飞燕"是汉代艺术家高度智慧、丰富想象，浪漫主义精神和高超艺术技巧的结晶，是我国古代雕塑艺术的稀世之宝。现在，铜奔马已成为了武威市的标志。

酒　泉

酒泉位于现今甘肃省西北部河西走廊西端的阿尔金山、祁连山与马鬃山（北山）之间。酒泉南山是屯驻骑兵的好地方。古时酒泉被称为"河西保障之襟喉"，"戎羌通驿之途"，是保障"丝路"安全的军事基地。

汉酒泉郡郡治在福禄城，位置在汉长城内，酒泉西北有条陶勒河，古称福禄河。《河西旧事》中说："城下有金泉，味如酒，故曰酒泉。"

关于酒泉名字的由来，还有许多传奇的故事。据说酒泉也称金泉，东晋阚骃《十三州志》上说："酒泉原名金泉，有人饮此泉水，见有金色，照水往取，得金，故名金泉。"《汉书·地理志》注引东汉史地学家应劭的话说："其水若酒，故曰酒泉也。"

酒泉因水好而得名，是传说之一。此外还有一个"汉武御酒"的故事流传甚广：西汉骠骑将军霍去病大败匈奴，威震西域，匈奴余部投诚归附，形成了西域"空无匈奴"的局面。这次大获全胜，是汉初以来最精彩的一战，国威大振，汉武帝大悦，特赐御酒嘉奖。霍去病以为功在将士，自己不能独饮，又因为酒少人多，不能分享，于是把酒倾倒入"金泉"，得与全军将士共饮。此事一时传为佳话，于是"金泉"也就被称为"酒泉"了。在清代宣统三年，安肃兵备使者廷栋在酒泉刻石树碑，肯定了酒泉因"汉武御酒"而得名的传说。现在，酒泉市城东泉湖公园里有座亭子，亭旁边有泉，传说就是当年的泉眼。

汉代的福禄城的名字虽然沿用至唐初，但城早已被地震毁坏。"五胡十六国"时期的前凉名将谢艾，曾出任酒泉太守，又筑起了福禄城，现存东城门楼遗址。明洪武二十九年（公元1396年）扩建酒泉东城，后改为鼓楼，也就是现存的酒泉鼓楼。楼座为清代雍正时期砖包，这座楼虽然经过了多次重修，但仍然保持着原貌。昔日"丝路"上东来西往的人就在这座雄伟的城楼下通过，使人仿佛还能看到这个"丝路"要邑往日的雄姿。

张　掖

张掖位于现今甘肃省西北部，河西走廊中段。古称"甘州"，即甘肃省名"甘"字由来地。张掖是位于河西走廊中心的"丝路"重镇，北部的居延及沿长城一线，是河西走廊中部抗击匈奴的主要军事支撑点。"张掖"即"断匈奴之臂，张中国之掖"的意思。

张掖在古代是一个重要的十字路口，东西有直通长安和中亚、西亚的陆上丝绸之路，南北有从西宁、居延至北方蒙古的草原丝绸之路，两条大道都以张掖为枢纽。大月氏、匈奴、乌孙等民族都在这里生活过，这里是我国早期民族交会的中心。

古时张掖水源丰富，有河水、泉水、山谷水等多种水源，是河西主要的农业区。因为背靠树木繁茂的祁连山，冬季积雪很多，每到春季，冰雪融化，春水灌溉着各州县的万顷良田。不但水源十分丰沛，牧场也很广阔，加之人们勤劳地屯垦，张掖就以沃饶富厚而闻名，自古有"金张掖"之称。

张掖的稻米久负盛名。早在唐代就开始栽植水稻。黑河之畔的乌江大米，更是远近闻名。因为盛产稻米，产生了许多与南方地区相类似的习俗，古张掖的酒席很会用米做酒。用米和曲酿成的称黄酒，以糯米和曲加汾酒，可以酿成绍兴、玉兰、金盘、三白诸色酒。有一种大麦酿成的缸子酒，掺入黄酒、鸡汤，再用芦苇秆为筒，客人来了各据管而吸。这种古老的酒和喝酒法还被大诗人杜甫称之为"芦酒"。

张掖自古有"塞上江南"的美誉。据一些古文献记载，古张掖城周围到处芦苇丛生，一幅水草交横的南国景象，城内池塘很多，很多池塘里还种植莲藕和养鱼。元代张掖诗人燕不花的《竹枝词》中曾描绘道：

> 湖头水满藕花香，夜深何处有鸣榔？
> 郎来打鱼三更里，凌乱波光与月光。

西魏时期，西域商队云集张掖，东罗马帝国和波斯钱币可在张掖交易中使用，张掖成为国际贸易城市。隋代时，张掖成为经营河西和西域的大本营，民族贸易异常活跃。609年，隋炀帝西巡，亲自在张掖主持有西域二十七国使臣、商贾参加的"互市"。此后，张掖贸易日益繁荣，由中西贸易的中转站，逐步发展成为对外贸易和对外开放的窗口。

佛寺在张掖比比皆是，有所谓"一城山光，半城塔影，苇溪连片，古刹到处"的美景。张掖大佛寺是其中的佼佼者。

北宋仁宗天圣六年，即公元1028年，以今天银川一带为中心建立西夏政权的党项人，攻下了甘州；八年之后，全面占领了河西走廊。为了加强对河西的经营和管理，西夏政权积极推行了一系列的汉化政策，其中包括兴建寺院、翻译佛经的活动。到崇宗李乾顺统治时期，西夏国力鼎盛，张掖的大佛寺就是在这一时期修建的。

大佛寺始建于西夏永安元年（公元1098年），笃信佛教的西夏太后常常在此居住。到了元代，有位蒙古别吉太后曾住在这里，并且在这里生下了大元帝国的开国之君——元世祖忽必烈。

最引人注目的是佛寺内安放了中国最大的室内卧佛，也就是佛祖释迦牟尼的涅槃像。他安睡在大殿正中高1.2米的佛坛之上，佛身长34.5米，肩宽7.5米，耳朵约4米，脚长5.2米。大佛的一根中指就能平躺一个人，耳朵上约能容八个人并排而坐，可见塑像是何等的庞大。

敦　煌

　　甘肃段是贯通中原与西域的枢纽地带，敦煌则是丝绸之路的重要枢纽，其路线交织成网络。敦煌南依气势雄伟的祁连山，西接浩瀚无垠的罗布泊，北靠嶙峋蛇曲的北塞山，东峙峰岩突兀的三危山，是丝绸之路上的要冲，著名的阳关和玉门关，均在汉敦煌郡龙勒县境内。"敦，大也，煌，盛也。"敦煌因曾经的辉煌和博大精深的文化内涵而闻名于世。这里曾拥有繁荣的商贸活动，并以"敦煌石窟""敦煌壁画"闻名天下。

　　早在原始社会末期，中原部落战争失败后被迁徙到河西的三苗人就在这里繁衍生息。他们以狩猎为主，开始掌握了原始的农业生产技术。敦煌地区曾发掘出新石器时代的石刀、石斧和陶器、铜器。夏、商、周时期，敦煌属古瓜州的范围，有三苗的后裔，当时叫羌戎族的在此地游牧定居。敦煌地区至今仍保存着游牧民族留下的许多岩画。战国和秦时，敦煌一带居住着大月氏、乌孙人和塞种人。以后，大月氏强盛起来，兼并了原来的羌戎。战国末期，大月氏人

赶走乌孙人、塞种人，独占敦煌直到秦末汉初。

西汉牢固地建立了对敦煌及河西走廊地区的统治地位，较有效地控制了西域地区，开始对河西走廊地区进行必要的开发。中原地区先进的农业生产技术、手工技艺、文化思想也源源西来；同时，西域各地及中亚欧洲诸国的物品、文化，特别是较原始的宗教思想，也随着商业的发展开始和古老的中国传统思想接触，相互间推动着向前发展。

东汉初年，匈奴又逐渐强盛，征服了曾是西汉管辖的大部分西域地区，丝绸之路被迫中断。公元75年，东汉王朝出兵四路进击北匈奴，凉州牧窦固率河西兵大败匈奴，收复了伊吾等失地，重新打开通向西域的门户。同时，名将班超两度出使西域，杀死匈奴使节，联络西域诸国与东汉建立了友好关系，使断绝了六十五年的丝绸之路重新畅通。

十六国时期，群雄逐鹿中原，战火四起，百姓流离失所，处于水深火热之中，而河西成为相对稳定的地区。中原大批学者和百姓纷纷背井离乡，逃往河西避难，带去了先进的文化和生产技术。尤其是汉魏传入的佛教在敦煌空前兴盛。饱受战争之苦的百姓纷纷信奉佛教，企望解脱苦难，过上幸福、安定的生活。敦煌是佛教东传的通道和门户，也是河西地区的佛教中心。有一大批佛学高僧在敦煌讲经说法。河西各地的佛门弟子多来此地研习佛学。如有世居敦煌的译经大师竺法护；有前往印度学习佛法的敦煌人宋云等。法显、鸠摩罗什等佛学大师无论东进还是西去都在敦煌留下了他们的足迹。前秦建元二年（公元366年），乐僔和尚在三危山下的大泉河谷首开石窟供佛，莫高窟从此诞生。之后，开窟造佛之举延续了千百年，创造了闻名于世的敦煌艺术。

北魏灭北凉，统一北方，占据了河西。这个时期，敦煌比较安定，百姓安居乐业，佛教随之盛行。北魏在莫高窟开凿洞窟13个。

隋朝的建立，结束了西晋以来三百余年的分裂局面，完成了统一中国的大业。隋文帝收复河西时，相继平息了突厥、吐谷浑的侵扰，保证了丝绸之路的畅通与繁荣。1227 年，蒙古大军灭西夏，攻克沙州等地，河西地区归元朝所有。此后，升敦煌为沙州路，隶属甘肃行中书省。后升为沙州总管府。元朝远征西方，必经敦煌。当时瓜、沙二州屯兵众多，营寨栉比，屯垦农兵遍布党河、疏勒河流域。敦煌一度呈现出经济文化繁荣的景象，和西域的贸易更加频繁。著名旅行家、意大利人马可波罗就是这一时期途经敦煌漫游到中原各地的。元朝统治者也崇信佛教，莫高窟的开凿得以延续。现存元代洞窟约 10 个。自元朝以后，千里河西逐渐失去了昔日的光彩。

朱元璋建立明朝以后，为扫除元残部，派宋国公冯胜率兵三路平定河西获胜，修筑了嘉峪关明长城，重修了肃州城。正德十一年（公元 1516 年），敦煌被吐鲁番（东察哈台汗国）占领。嘉靖三年（公元 1524 年），明王朝下令闭锁嘉峪关，将关西平民迁徙关内，废弃了瓜、沙二州。此后，二百年敦煌旷无建置，成为“风摇柽柳空千里，月照流沙别一天”的荒漠之地了。

清康熙后期，清王朝渐次收复了嘉峪关外的广大地区。雍正三年（公元 1725 年），在敦煌建立沙州卫，并开始从甘肃各地移民 2 400 户到敦煌垦荒定居，农业得到很快的恢复和发展，形成河西走廊西部的戈壁绿洲。

敦煌，历经沧桑，几度盛衰，步履蹒跚地走过了近五千年漫长曲折的历程。悠久历史孕育了敦煌灿烂的古代文化，使敦煌依然辉煌。它是丝绸之路南北两道的分合点，东西文明在这里交汇。汉魏之季，西域受印度佛教文化的影响很深。南北两道上的于阗、龟兹佛教尤为兴盛。敦煌经历了汉风唐雨的洗礼，文化灿烂，古迹遍布，加之自然风光的美丽神奇，使敦煌成为令人向往的地方。

莫高窟、鸣沙山、月牙泉，是敦煌南部相连的三大奇迹，也是丝绸之路上最富沙漠色彩的奇特风物。

敦煌有莫高窟、榆林窟、西千佛洞等众多历史文化景观，其中莫高窟是极为重要的一处。莫高窟又名敦煌石窟，素有"东方艺术明珠"之称，是中国现存规模最大的石窟，保留了十个朝代、历经千年的洞窟四百九十二个，壁画四万五千多平方米，彩塑两千多座。题材多取自佛教故事，也有反映当时的民俗、耕织、狩猎、婚丧、节日欢乐等的壁画。这些壁画彩塑技艺精湛无双，被公认为是"人类文明的曙光""世界佛教艺术的宝库"。

鸣沙山，位于敦煌城南约五千米处，东起莫高窟崖顶，西接党河水库，整个山体由细米粒状黄沙积聚而成，狂风起时，沙山会发出巨大的响声，轻风吹拂时，又似管弦丝竹，因而得名为鸣沙山。传说鸣沙山有两个奇特之处：人若从山顶下滑，脚下的沙子会鸣鸣作响；白天人们爬沙山留下的脚印，第二天竟会痕迹全无。

月牙泉被鸣沙山环抱，长约一百五十米，宽约五十米，因水面酷似一弯新月而得名。月牙泉的源头是党河，依靠河水的不断充盈，在四面黄沙的包围中，泉水竟也清澈明丽，且千年不涸，令人称奇。可惜的是，近年来党河和月牙泉之间已经断流，只能用人工方法来保持泉水的现状。现在的月牙泉边已建起了亭台楼榭，再加上起伏的沙山，清澈的泉水，灿烂的夕阳，景色让人流连忘返。

敦煌，遍地的文物遗迹、浩繁的典籍文献、精美的石窟艺术、神秘的奇山异水……使这座古城流光溢彩，使戈壁绿洲越发郁郁葱葱、生机勃勃，就像一块青翠欲滴的翡翠镶嵌在金黄色的大漠上，更加美丽，更加辉煌。

雄关如铁

古时在咽喉要道上大多设有关隘，以占据有利地形抵御敌人。

处于险要位置的关隘，常有"一夫当关，万夫莫开"的作用。作为丝绸之路的重要路段，河西走廊上有许多座雄关。如东部的武威，南部的扁都口，北部沿长城一线，西部的敦煌。

玉门关、阳关、嘉峪关这三座人尽皆知的名关，在悠长的岁月中，引发多少怀古者的凭吊，激荡起多少文人的情怀，描绘这三关的诗文烂若繁星，古人怀乡、伤别之情，歌咏边塞、抒发豪情之志，强烈地感染着一代代后人。

玉门关

凉州词

黄河远上白云间，一片孤城万仞山。
羌笛何须怨杨柳，春风不度玉门关。

唐代诗人王之涣的作品流传下来的极少，可仅凭这一首《凉州词》，就足以使他成为名振后世的诗人。《凉州词》使玉门关承载了千古荒凉，引发人们对这座古老关塞的向往。但令人遗憾的是，由于经历了千年沧桑，玉门关与阳关在魏晋南北朝以后就逐渐湮废了。这两个名关的遗址究竟在哪里，学者们多是见仁见智，言人人殊，只能根据考古与历史文献的研究，进行推测与考证。

1907 年到 1915 年，冒险家斯坦因

先后两次对敦煌长城遗址进行考察挖掘，在离小方盘城不到九十米的一座古驿站发现了汉代的简牍和文书，他根据简的内容判定出小方盘城为玉门关所在地。后来，中国学者又进一步考察和试掘，史学界许多人认为，小方盘城即汉武帝太初二年后的玉门关关址。但也有人认为，根据史书中的记载玉门关的位置的确应当就在附近，但小方盘城只有六百多平方米，作为汉朝最西面的重要关口实在是太小了。所以，目前玉门关的具体位置尚不能肯定，距离敦煌西北八十千米处的小方盘城遗址被暂定为玉门关，为全国重点文物保护单位。

玉门关旧址三面是戈壁，在这座六百多平方米的方形土城外，远处是疏勒河的沼泽地。盛夏的时候，姿态奇特的红柳和片片风中摇摆的芦苇让这里有了些生机。一望无际的戈壁风光，虚无缥缈的海市蜃楼，形态逼真的天然睡佛以及戈壁中的沙生植物、蓝天、大漠构成了一幅辽阔壮美的神奇画面。

玉门关始置于汉武帝开通西域道路、设置河西四郡之时。汉代时，这里是通往西域各地的门户，在元鼎或元封中（公元前116—前105年）修筑酒泉至玉门间的长城，玉门关随之设立。据《汉书·地理志》，玉门关与另一重要关隘——阳关，都位于敦煌郡龙勒县境，均为都尉治所，是重要的屯兵之地。当时中原与西域交通无不取道两关，曾是汉代时期重要的军事关隘和丝绸之路的交通要道。

自从丝绸之路畅通之后，西域诸国的商队络绎不绝地经小方盘入关，到中原地区经商。于阗的特产"和田玉"也源源不断地经过小方盘运到内地，这座关就因输入玉石取道于此而得名。对于玉门关的得名在民间还流传着一个故事。相传，商人们运送于阗美玉通过这里走河西走廊，可是驮玉的骆驼到了这里常常生病无法前行。对这样的怪事众人非常不解，有一位赶骆驼的老人告诉大家，这是因为关神没有收到贡品而生气的原因。于是，人们在关门上镶嵌了一圈美玉，关神就开心了。于是，这座关就得名"玉门关"。

隋唐时，对玉门关的关址进行了迁移，一般认为隋唐时期的玉门关位于锁阳城北三十千米，即安西县城东五十里处的疏勒河岸双塔堡附近。这里东通酒泉，西抵敦煌，南接瓜州，西北邻伊州，是重要的交通枢纽。

作为重要的军事关隘和丝路交通要道，玉门关经历了太多的风沙与苍凉，也承载了太多的历史与辉煌。

阳　关

送元二使用安西

渭城朝雨浥轻尘，客舍青青柳色新。

劝君更尽一杯酒，西出阳关无故人。

　　阳关，是位于丝绸之路古代西北边境的重要关隘。古人到西域去，走到泾水流域，常常要在位于今咸阳东北的渭城停留，送行的亲朋就此止步，常设宴或赋诗，最后折下柳枝依依惜别。在《全唐诗》中搜检有"阳关"一词的诗篇，有近五十首，而使阳关名扬千古的，正是王维的这首脍炙人口的《送元二使安西》（又名《渭城曲》），以及这首诗入乐后形成的如泣如诉的《阳关三叠》曲。因为有了它们的流传，在今人的心目中，唐代的西域边塞一直耸立着一座巍峨的天下雄关——阳关。

　　因为先设玉门关，后设阳关，阳关是在玉门关之南，故称阳关（古时山的南面、水的北岸称为阳）。丝绸之路开辟时，商队到敦煌进行补给后，再从阳关经过，穿过沙漠，到达鄯善，再到于阗，接着经过葱岭到达安息后和从玉门关出发的商队会合，再到塞琉西亚，最远到达土耳其南部和埃及地区。

　　阳关在汉、魏晋、唐等史料中多次被提及，晋和北魏时在此设立阳关县，唐代在龙勒龙地设置寿昌县，此时的阳关还在通行。诗人岑参有"二年领公事，两度过阳关"的诗句，玄奘从印度回国时就是走丝路南道，东入阳关返回长安的。五代时，后晋高居诲的《使于阗记》中有"敦煌县南十里鸣沙山，又东南十里三危山，乃西渡部乡河至阳关是也"的记述。可渐渐地，阳关，这个赫赫有名的历史雄关竟消失在史料之中，至于阳关的遗迹位置，也一度成了历史之谜。

　　离敦煌南湖不远，有一片叫"古董滩"的沙漠，一度被认为是阳关旧址。这里地处大漠深处，每当大风过后，就会有许多金、银和古代文物露出地面，如汉代的五铢钱、唐代的开元通宝、货泉通宝等古代货币，还有铜制带钩、陶瓷碎片、石磨、陶盅和铁制工具，以及来自西域的五色料珠、琥珀珠之类的装饰品。当地人称这片沙滩为"古董滩"。在古董滩随手捡到古代钱币、兵器、装饰品等并不稀奇，所以当地人一度有"进了古董滩，空手不回还"的说法。

沙滩上为什么会有这么多古董呢？当地流传着这样一个故事：相传唐天子为了和西域于阗国保持友好和睦关系，将一位宗室的公主嫁给了于阗国王。公主下嫁，自然带了很多嫁妆，金银珠宝，应有尽有。送亲队伍带着嫁妆，经长途跋涉，来到了阳关，便在此地歇息休整，做好出关准备。不料，夜里狂风大作，黄沙四起，天黑地暗。这风一直刮了七天七夜。等到风沙停了之后，城镇、村庄、田园、送亲的队伍和嫁妆全部埋在沙丘下，从此，这里便荒芜了。天长日久，大风刮起，流沙移动，沙丘下的东西露出地面，被人们拾拣。在当地曾经有一个特殊习俗，就是每年的正月初七，逛完了庙会的老百姓都会骑着骆驼来古董滩捡古董。

可古董滩只有遗物没有遗址，还是难以被确定为阳关旧址。1972年，考古专家从古董滩出发，向西翻越十几道沙梁，发现了大面积的版筑遗址。经考古队挖掘，这里房基排列整齐而清晰，面积约上万平方米，还有断断续续宽厚的城堡墙基，并发现了汉唐陶片、砖石、瓦块等文物。考古学家根据文献初步断定，这里才是古阳关遗址。

在墩墩山顶，有一座饱经风霜的烽火台，它被人们称为"阳关耳目"。今天到这里来的人们，往往会把它错当成阳关，其实这里只是阳关的一个制高点。设在了平川上的阳关，除了把住水源外，还建立了军事御敌报警系统。

古代的重要关隘一般都建在险要地势上，那么，又是什么原因让阳关建在了这片荒漠之中？阳关在这儿设关，一则是它在交通要道上，二则就是邻水而设，沙漠之中把水就是把关。有了大漠戈壁间的这一片绿洲，让阳关凭借着水源，发挥了"一夫当关，万人莫开"的神威，而对于在沙漠上长途跋涉的人来说，看到阳关就等于看到了一线生机。

出了阳关再往西就是茫茫的大沙漠，往来的商旅都要在这里补充水源。人们常说的"阳关大道"，实际上就是指丝绸古道。

昔日的阳关，是一个军事、经济、生活的要塞。曾经这里是一个繁荣的城市。这个地方除了农业以外，手工业也比较发达。为充实敦煌郡，汉武帝几次从内地移民于此。这些移民不仅为保卫、开发敦煌提供了人力，还带来了内地先进的生产技术和文化。而今天，展现在人们眼前的古阳关已是面目全非，甚至无法看清楚它的规模了。是什么原因让在历史上曾被称为"华戎所交一大都会"的阳关，消失得无影无踪？

阳关为什么会隐去，据推测是由于自然条件的变化。历代战争和大规模的开荒屯垦，破坏了这里的植被和水源，从而造成来自南方的风沙逐渐向东北侵移。人们抵挡不住风沙的侵袭，只好离开这块世居的绿地，向东撤移。大约在宋、辽之后，当阳关人全部撤离之后不久，阳关就被流沙吞没了。阳关隐没，实际上是一场历史性的悲剧。

嘉峪关

出嘉峪关感赋

严关百尺界天西，万里征人驻马蹄。

飞阁遥连秦树直，暸垣斜压陇云低。

天山巉峭摩肩立，瀚海苍茫入望迷。

谁道崤函千古险，回看只见一丸泥。

　　嘉峪关，位于甘肃嘉峪关市向西五千米处。建关前，这里已经是丝绸之路的途经地。嘉峪关南起祁连山，北倚嘉峪山和黑山，以建在嘉峪山西麓一个地势险要的岩岗而得名。它是明代万里长城西端起点，也是明长城西端的第一重关。它始建于明洪武五年（公元1372年），先后经过168年时间的修建，成为万里长城沿线最为壮观的关城。清代林则徐因禁烟获罪，被贬新疆，路经嘉峪关，惊叹于此关之雄伟，写下这首《出嘉峪关感赋》，极言此关的威严和壮丽。又云："长城饮马寒宵月，古戍盘雕大漠风。除是卢龙山海险，东南谁比此关雄。"指出这关真乃"雄关"。

　　嘉峪关是古代军事建筑的雄伟之作。这座总面积达三万三千五百余平方米的关城，有内城、外城、瓮城，形成了重城并守之势。城垣上高达三层的柔远门、光化门城楼，飞阁凌空，气势壮观。城内墙垣严整、有敌楼、矢楼、角楼，角楼的楼顶有砖砌的垛口，有高耸的碉堡，远处还有烽火台。从马道登城远望，明长城有如游龙，浮动于大漠之中，关城南北，山峦起伏，两翼和东部环绕的长城，以及无数相望的烽火烟墩，牢牢地控锁着方圆百余千米的地区。明代置嘉峪关后，侧重走嘉峪关至哈密间的大道，哈密逐渐替代了敦煌的地位，成为中西交通咽喉。

　　嘉峪关名声远播，还因为它有着很高的工程质量。一些重要建筑物用砖都经精心磨制；城墙的基础勒脚，用大石条加砌，整个城垣筑得方大平直，棱线分明，显然修筑时严格掌握着质量标准。据说，筑墙的土也是经过筛选、掺加灰浆和丝麻以增加其黏结能力，然后层层夯筑，直到锄挖不动，锤打不进为止，所以历六百多年而依然坚固。高超的施工技巧和质量为后世留下了许多佳话。

传说当年建这座关时，匠师计算用料特别精确，最后建成时竟只剩下一块砖。这是建筑工程上的绝招。现在这块砖还存放在西瓮城门楼的后楼台上，供人观摩。

关城的正门两侧，及瓮城北侧的墙角，投石扣墙角或者两石相击，能发出像燕子鸣叫一样的声音，因此被称为燕鸣墙。

相传，古时有一对燕子筑巢于嘉峪关柔远门内。一天清早，两只燕子飞出嘉峪关，日薄西山的时候，燕子归巢，雌燕先飞回来，等到雄燕飞回时，关门刚好被关闭了，不能入关。于是，雄燕悲鸣触墙而死，雌燕悲痛欲绝，不时发出"啾啾"的燕鸣声，竟一直悲鸣到死。死后其灵不散，每到有人用石击墙，就发出"啾啾"的燕鸣声，向人们倾诉着哀怨。古时，人们把在嘉峪关内能听到燕鸣声视为吉祥的声音，将军出关征战时，夫人就击墙祈祝。后来发展到将士出关前，带着眷属子女，一起到墙角击墙祈祝，并逐渐形成一种风俗。其实，燕鸣墙的原理与北京天坛回音壁一样，是高质量的建筑杰作发出的回声。

嘉峪关这座雄关和长城东部的山海关齐名，都是古代建筑工程的光辉例证，具有重要的历史文物价值。1961年，嘉峪关关城被国务院公布为第一批全国文物重点保护单位。

在这条悠悠古道上，多少位名垂后世的人物留下了他们的印迹：有征战沙场、马革裹尸的热血男儿；有甘冒奇险、沟通中西的和平使者；有不惧艰险、执着追求的佛教高僧；更有那去国离乡、远赴异域的和亲公主……

风沙掩埋了过往，却湮没不了岁月的记忆，他们的故事将永远在丝绸古道上流传。

龙城飞将军

长久以来，许多著作中对"龙城飞将"的注释多为李广，但据现有的史料记载，是卫青打下了龙城，而李广直到去世也没有到过这里，所以有人认为应是指名将卫青。据历史学家研究，"龙城"指奇袭龙城的名将卫青，而"飞将"则指飞将军李广。"龙城飞将"并不止一人，实指卫青、李广，更多的是借代众多汉朝抗匈名将。西汉时期，通过对匈奴的军事打击，直到西汉末年，丝绸之路沿线大体上是安宁的，东西交通得以畅达一百多年。

李广——不教胡马度阴山

李广（？—前 119 年），陇西成纪人。汉文帝十四年（公元前166 年），匈奴大举入侵萧关，李广从军抗击匈奴，因为精通骑马射箭，杀敌斩首和虏获很多，做了汉朝的中郎。李广的堂弟李蔡，也作了

郎官。李广曾经随从皇帝出行，冲锋陷阵抵御敌寇，并曾与猛兽搏斗，勇猛令人赞叹。文帝感慨地对他说："可惜呀，你未遇到好时候，假如让你生在高祖的时代，封个万户侯是不在话下的！"

匈奴大举入侵上郡时，天子派亲近的宦官跟随李广整训士兵，抗击匈奴。一次，这位宦官带了几十名骑兵，纵马驰骋，遇到三个匈奴人，与之交战。那三个人转身射箭，伤了宦官，几十名骑兵也被射杀殆尽。宦官跑到李广跟前诉说被击败的经过，李广说："这一定是射雕的人。"李广于是带一百名骑兵，急追这三个人。那三个人没有马，徒步行走，已经走了几十里。李广命令骑兵散开，从左右两面包抄，并亲自射击那三人，结果射死二人，活捉一人，经查问，果然是匈奴射雕的人。

等他们捆绑好俘虏上马准备回营时，却望见不远处有数千匈奴骑兵。匈奴人看见李广，以为是诱敌的骑兵，都吃了一惊，赶紧上山布阵。李广的一百名骑兵也非常恐慌，想奔驰转回。李广说："我们离大军几十里，现在这样逃跑，匈奴一旦追赶、射击，我们马上就全完了。若留下，匈奴一定以为我们是为大军来诱敌的，必然不敢来袭击我们。"李广命令骑兵说："前进！"进到约离匈奴阵地二里多远的地方停了下来，又下令说："都下马解鞍！"他的骑兵说：

"敌人多而且离得近，如果有紧急情况怎么办？"李广说："那些敌人以为我们会走，现在都解鞍就表示不走，可以使敌人更加坚持认为我们是来诱敌的错误判断。"果然，匈奴骑兵就没敢袭击。有个骑白马的匈奴将军出阵监护他的兵卒，李广上马与十几名骑兵奔驰前去，射杀了这名将军，然后又返回到自己的骑兵中间，解下马鞍，命令士兵把马放开，随便躺卧。这时刚好天黑，匈奴兵始终觉得很奇怪，不敢出击。夜半时，匈奴兵以为汉军有伏兵，准备在夜间袭击他们，就全部撤走了。天亮后，李广率兵回到大军驻地。

公元前129年，李广任骁骑将军，出兵雁门攻击匈奴。匈奴兵多，打败了李广的部队，活捉了李广。单于一向听说李广贤能，下令说："一定把李广活着送来！"李广当时受伤生病，匈奴骑兵就把他放在两马之间的网兜里躺着。走了十几里，李广瞥见旁边有一匈奴少年骑着一匹好马，突然跃身跳上匈奴少年的马，趁势推下匈奴少年，夺下他的弓，鞭马向南奔驰几十里，又遇到自己的残余的部队，便一起进入关塞。匈奴派了几百骑兵追捕他，李广一边跑一边用匈奴少年的弓箭射杀追来的骑兵，最终得以逃脱。回到京师后，汉朝廷把李广交给执法官吏。执法官吏判决李广折损伤亡人马多，又被匈奴活捉，依法当斩，经纳粟赎罪，降为平民。但李广惊人的骑射技术却威震匈奴。

几年后，匈奴入侵杀了辽西太守，汉武帝下诏拜李

广为右北平太守。李广镇守右北平，匈奴听说他的名字，称他是"飞将军"。躲避了他数年，不敢进犯。

李广的箭法远近闻名，一次李广出外打猎，看见草中的石头，以为是虎就射去，箭头没入石中，近看原来是石头。于是又重射，却再不能射进石头里了。李广所在的郡，据说有虎，他常自己一个人去射。在射虎的过程中，虎曾跳起来抓伤过他，李广最终还是把虎射死了。

李广为官廉洁，得到赏赐常常分给部下，饮食与士卒在一起。李广一生，任俸禄两千石的官四十余年，家里却没有剩余的钱财，他始终不谈家产的事。李广身材高大，臂膀像猿一样，他的善射也是天赋。虽然子孙或别人跟他学，但谁也不能赶上他。李广口舌笨拙很少说话，与人在一起就是在地上画阵势，比赛箭射的远近，饮酒专以射箭作游戏。李广带兵，每到缺粮缺水的地方，士卒不全喝过水，他不到水边去；士卒不全吃过饭，他不吃饭。他待人宽厚不苛刻，士卒因此爱戴他，乐于为他出力。

公元前120年，李广率四千骑兵出右北平，配合张骞出征匈奴。兵进数百里，突然被匈奴左贤王率四万骑兵包围，汉兵死伤过半，箭矢也快用完了，李广令士兵们引弓不发，他自己以大黄弓连续射杀匈奴裨将多人。匈奴兵将大为惊恐，纷纷被李广的神勇所镇住而不敢妄动，直到第二天，汉军主力赶到，李广军得以解出重围。

公元前119年，大将军卫青率军出击匈奴，李广以六十多岁的高龄任前将军职。出塞后，卫青从俘虏口中得知了单于的驻地，于是命令李广的前锋部队并入右翼出东道，他自带中军去追单于。李广力争无果，遂引军与右将军赵食其合军出东道。由于道路难走又无向导，终于迷了路。

此时，卫青与单于接战，单于逃走，卫青只得徒劳而返，在回军的路上才与右翼部队会合。卫青差亲信带着酒肉来慰问李广，向他询问右翼部队迷路的经过。卫青打算向天子上报，把错失单于的责任推给右将军赵食其。李广为人正直，自然不答应。卫青大为恼火，又派人催逼李广的幕僚去中军接受审问。李广说，"他们无罪，迷路的责任在我，我自己去受审。"来人走后，李广望着那些多年与自己共同生死的部将，慨然叹道："我自少年从军，与匈奴大小七十余战，想不到现今却被大将军如此催逼，我已年过花甲，那能再受这样的屈辱！"说罢拔出佩剑引颈自刎。一代名将，就这样悲惨地陨落了。

唐朝诗人王昌龄诗云："秦时明月汉时关，万里长征人未还。但使龙城飞将在，不叫胡马度阴山。"这首颇有气魄的边塞诗是对李广等汉代名将的由衷赞美。

不能否认的是，汉初的边境战争是一场特殊的战争，其自然和人文特点决定了这场战争的异常艰苦和残酷。远离后方的长途奔袭，急风暴雨般的仓促遭遇，以及众寡悬殊的孤军奋战，成为经常作战的方式。李广无疑是适应于这些作战特点的杰出将领，是使敌军闻之丧胆的一代名将。

纵横八百里州

卫青（？—公元前105年），河东平阳人（现今山西省临汾市西南），汉武帝时抗击匈奴的著名将领。他的姐姐就是曾被封为皇后的卫子夫。

俗话说英雄不问出处，卫青出身非常卑微。他的母亲曾在平阳公主的夫家做女仆，因丈夫姓卫，她就被称为卫媪。卫媪生有一男三女，即儿子

卫长君，长女卫君孺、次女卫少儿、三女卫子夫。丈夫死后，卫媪仍在平阳侯家中帮佣，并与同在平阳侯家中做事的县吏郑季私会，生下卫青。后来，他的母亲感觉供养他非常艰苦，就把他送到了亲生父亲郑季的家里。但郑季的夫人根本看不起卫青这个私生子，让他到山上放羊。卫青在这样的环境下生活，受尽了苦难。

有一次，卫青跟随别人来到甘泉宫，一位囚徒看到他的相貌后说："你现在穷困，将来定为贵人，官至封侯。"卫青笑道："我身为人奴，只求免遭笞骂，已是万幸，哪里谈得上立功封侯呢？"后来的事实表明，这个囚徒的话果然应验了。

卫青长大后回到母亲身边，并做了平阳府的骑奴。他怨恨郑家对他不顾一点亲情，决定改姓卫，完全与郑家断绝关系。

公元前139年春，卫青的姐姐卫子夫被汉武帝选入宫中，成为汉武帝宠爱的妃子，卫青也被召到建章宫当差。这是卫青命运的一大转折点。

公元前129年，匈奴又一次兴兵南下，前锋直指上谷（今河北省怀来县）。汉武帝果断地任命卫青为车骑将军，迎击匈奴。从此，卫青开始了他的戎马生涯。

这次用兵，汉武帝分派四路出击。车骑将军卫青直出上谷，骑将军公孙敖从代郡（治代县，今山西大同、河北蔚县一带）出兵，轻车将军公孙贺从云中（今内蒙古托克托东北）出兵，骁骑将军李广从雁门出兵。

四路将领各率一万骑兵。卫青首次出征，但他英勇善战，直捣龙城（匈奴祭扫天地祖先的地方），斩首七百多人，取得胜利。而另外三路，两路失败，一路无功而还。汉武帝看到只有卫青胜利凯旋，非常赏识，加封关内侯。

公元前 127 年，匈奴贵族集结大量兵力，进攻上谷、渔阳。武帝派卫青率大军进攻久为匈奴盘踞的河南地（黄河河套地区）。这是西汉对匈奴的第一次大战役。卫青率领四万大军从云中出发，采用"迂回侧击"的战术，绕到匈奴军的后方，迅速攻占高阙（今内蒙古杭锦后旗），切断了驻守河南地的匈奴白羊王、楼烦王同单于王庭的联系。然后，卫青又率精骑，飞兵南下，进到陇县西，形成了对白羊王、楼烦王的包围。匈奴白羊王、楼烦王见势不好，仓皇率兵逃走。汉军活捉敌兵数千人，夺取牲畜一百多万头，完全控制了河套地区。因为这一带水草肥美，形势险要，汉武帝在此修筑朔方城（今内蒙古杭锦旗西北），设置朔方郡、五原郡，从内地迁徙十万人到那里定居，还修复了秦时蒙恬所筑的边塞和沿河的防御工事。这样，不但解除了匈奴骑兵对长安的直接威胁，也建立起了进一步反击匈奴的前方基地。卫青立有大功，被封为长平侯。

匈奴贵族不甘心在河南地的失败，一心想把朔方重新夺回去，所以在几年内多次出兵，但都被汉军挡了回去。公元前 124 年春，汉武帝命卫青率三万骑兵从高阙出发；苏建、李沮、公孙贺、李蔡都受卫青的节制，率兵从朔方出发；李息、张次公率兵由右北平出发。这次总兵力有十几万人。匈奴右贤王认为汉军离得很远，一时不可能来到，就放松了警惕。卫青率大军急行军六七百里，趁着黑夜包围了右贤王的营帐。这时，右贤王正在帐中拥着美妾，畅饮美酒，已有八九分醉意了。忽听帐外杀声震天，火光遍野，右贤王惊慌失措，忙把美妾抱上马，带了几百壮骑，突出重围，向北逃去。汉军轻骑校尉郭成等领兵追赶数百里没有追上，却俘虏了右贤王的小王十余人，男女一万五千余人，牲畜有几百万头。汉军大获全胜，高奏凯歌，收兵回朝。汉武帝接到战报，喜出望外，派特使捧着印信，到军中拜卫青为大将军。

经过几次打击，匈奴依然猖獗。他们入代地，攻雁门，劫掠定襄（今山西省定襄）、上郡（今陕西绥德县东南）。公元前123年2月，汉武帝又命卫青攻打匈奴。公孙敖为中将军，公孙贺为左将军，赵信为前将军，苏建为右将军，李广为后将军，李沮为强弩将军，分领六路大军，统归大将军卫青指挥，浩浩荡荡，从定襄出发，北进数百里，歼灭匈奴军数千名。

公元前121年，西汉对匈奴的第二次大战役开始，由霍去病指挥，结果使汉朝完全控制了河西地区，切断了匈奴与羌人的联系。

为了彻底击溃匈奴主力，汉武帝集中全国的财力、物力，准备发动对匈奴的第三次大战役。大将军卫青麾下，李广为前将军，公孙贺为左将军，赵食其为右将军，曹襄为后将军。卫青自己率左将军公孙贺、后将军曹襄从正面进兵，直插匈奴单于驻地。

卫青大军北行一千多里，跨过大沙漠，与严阵以待的匈奴军遭遇。卫青临危不惧，命令部队用武刚车（铁甲兵车）迅速环绕成一个坚固的阵地，然后派出五千骑兵向敌阵冲击。匈奴出动一万多骑兵迎战。双方激战在一起，非常惨烈。黄昏时分，忽然刮起暴风，尘土滚滚，沙砾扑面，顿时一片黑暗，两方军队互相不能分辨。卫青乘机派出两支生力军，从左右两翼迂回到单于背后，包围了单于的大营。单于发现汉军数量如此众多，而且人壮马肥，士气高昂，大为震动，知道无法取胜，就慌忙跨上马，奋力突围，向西北方向飞奔而去。

这时，夜幕已经降临，战场上双方将士仍在搏斗，喊杀声惊天动地。卫青得知单于已突围逃走，马上派出轻骑兵追击。匈奴兵不见了单于，军心大乱，四散逃命。卫青率大军乘夜挺进。天亮时，汉军已追出二百多里，虽然没有找到单于的踪迹，却斩杀并俘虏匈奴官兵一万九千多人。卫青大军一直前进到真颜山赵信城（今蒙古乌兰巴托市西），获得了匈奴囤积的粮草，补充军用。他们在此停留了一天，然后烧毁赵信城及剩余的粮食，胜利班师。

这次战役，汉军打垮了匈奴的主力，使匈奴元气大伤。从此以后，匈奴逐渐向西北迁徙，出现了"漠南无王庭"的状况。匈奴对汉朝的军事威胁基本上解除了。"一夕纵横八百里，奇袭龙城第一功"是后人对卫青的由衷赞誉。

汉家骠骑

横吹曲辞·出塞

居延城外猎天骄，白草连天野火烧。
暮云空碛时驱马，秋日平原好射雕。
护羌校尉朝乘障，破虏将军夜渡辽。
玉靶角弓珠勒马，汉家将赐霍嫖姚。

王维的这首《横吹曲辞·出塞》，笔触豪迈地描绘出了一位将军少年英武的豪杰气概，这个人就是西汉骠骑将军、冠军侯霍去病。

霍去病（公元

前140—前117），河东郡平阳县（现今山西省临汾西南）人，出生在一个具有传奇色彩的家庭。霍去病是平阳公主府的女奴卫少儿（卫青同母异父的姐姐）与平阳县小吏霍仲孺（西汉著名辅政大臣霍光的父亲）的孩子。出生后，父亲不敢认他，母亲又是女奴，看起来霍去病是没有出头之日的。然而，同是女奴的儿子，霍去病的童年要比舅舅卫青幸福得多，因为奇迹很快就发生了。

　　大约在霍去病周岁的时候，他的姨母卫子夫进入了汉武帝的后宫并于不久后被封为夫人。随后，舅舅卫青也被赐予官位。霍去病的母亲嫁到了詹事陈掌家，他也一起过上了衣食无忧的生活。

　　在舅舅的影响下，霍去病自幼精于骑射，英勇超群。到十六七岁时，霍去病已经长成了一个相貌奇伟、性格坚毅、智勇过人的青年。汉武帝很赏识他，派他做了保卫皇帝安全的侍中官。

　　这时，西汉与匈奴的斗争已达到白热化程度。汉武帝开始了对匈奴的反击战争，公元前123年春，汉武帝再次发动对匈奴的反击战争。这年，霍去病刚刚十八岁，他听说舅舅又要出征，便跃跃欲试，急不可耐地向汉武帝请战。汉武帝任命他为嫖姚校尉，由卫青挑选了八百名骁勇善战的骑兵归他指挥。

　　霍去病率领八百骁骑一往无前地向北奔去。莽莽草原，人迹全无，他们不知不觉地走了好几百里，将近黄昏，忽然发现前方远处有一片黑点。霍去病判断应是匈奴的营帐，当即命部下衔枚而行，以迅雷不及掩耳之势杀了过去。匈奴兵根本没想到汉军会这么快地杀来，顿时一片混乱。霍去病身先士卒，首先闯入匈奴营帐，八百骁骑个个勇猛无比，把匈奴兵杀得四散逃窜。

这次战役，霍去病的功劳首屈一指。卫青将战争的经过报告了汉武帝，汉武帝对霍去病大加赞赏，称赞他以八百骁骑斩杀匈奴兵两千多人，并杀死匈奴单于的祖父及相国、当户等将官多人，生擒单于的叔父，真可谓出奇制胜，勇冠全军，封霍去病为"冠军侯"。

河西走廊地区是汉朝通向西方的黄金通道。原来这里由月氏人居住，后来被匈奴侵占，成了匈奴浑邪王、休屠王的领地。汉武帝想与大月氏及西域各国取得联系，以便共同对付匈奴，于是发动了河西战役。

公元前 121 年春天，汉武帝任命霍去病为骠骑将军，率领精骑一万人，从陇西出发，攻打匈奴。在霍去病的指挥下，汉军所至，势如破竹，穿过五个匈奴王国，转战六日，越过焉支山（今甘肃省山丹县境内）一千多里，在皋兰山（今兰州黄河西）与匈奴发生激战。霍去病率部勇猛异常，横冲直撞，除斩匈奴折兰王、卢侯王，还活捉了匈奴浑邪王的儿子及相国、都尉等，歼敌近九千人，并且缴获了匈奴休屠王的祭天神像。汉军大获全胜，汉武帝非常高兴，对霍去病加以封赏。

第二次河西战役中，以霍去病、公孙敖率领的几万骑兵为主力，从北地郡（现今甘肃环县）出发，另派李广、张骞率一万多人从右北平出发，攻击匈奴左贤王，策应西征的主力军。霍去病与公孙敖出塞后，分兵前进，公孙敖由于中途迷失方向，未能参加战斗。霍去病与公孙敖联系不上，只好孤军深入，越过居延海（今内蒙古额济纳旗北），穿过小月氏部落，抵达祁连山。匈奴被他神妙莫测的战术搞得晕头转向，祁连山麓一战，霍去病大败匈奴。汉军总计接受匈奴单桓王、酋涂王及相国、都尉等两千五百多人投降，俘虏了王母、单于阏氏、王子、相国、将军、当户、都尉等一百多人，歼灭匈奴兵三万多人。

汉武帝对霍去病大加封赏。从此，霍去病的声望日益显赫，地位日益尊贵，几乎与舅舅卫青相当了。

两次河西战役之后，汉朝完全控制了河西地区，这对匈奴是一个很大的打击。匈奴人非常惋惜，他们悲伤地唱道："亡我祁连山，使我六畜不蕃息；失我焉支山，使我妇女无颜色。"

匈奴单于对于浑邪王、休屠王的屡次战败，非常恼火，派使者征召他们，准备治罪。浑邪王新失爱子，本来就够心烦的了，又闻单于将要加罪，于是与休屠王商量，决定向汉朝投降，并派使者来与汉朝接洽归降事宜。当时负责藩属事务的大行（古代接待宾客的官员，相当于现在的外交官）李息，正在黄河边上筑城，见到浑邪王派来的使者，马上派人向中央报告。

汉武帝得到这一消息，很高兴，认为这样可以分化匈奴，减弱匈奴的力量，但是又担心其中有诈，于是派霍去病带领一万骑兵，前往河西，见机行事。

霍去病还没有到达河西，情况就发生了变化。休屠王听信部下的谗言，不想投降了。浑邪王骑虎难下，痛恨休屠王背信弃义，于是一不做二不休，他率兵冲入休屠王的营帐，杀死了休屠王，收编了休屠王的部队，然后列队迎接汉军的到来。

霍去病渡过黄河，与浑邪王遥遥相望。浑邪王的部下很多，本来意志就不坚定，现在看到汉军阵容严整，心存疑惧，纷纷逃走。霍去病望见浑邪王阵营人群骚动，当机立断，亲率几名精骑飞马驰入浑邪王营帐，与浑邪王谈判，下令将私自逃跑的匈奴将士百千人全部杀死。这样才把匈奴军队稳住了。然后，霍去病派人先把浑邪王送往长安拜见汉武帝。接着，他把四万多匈奴降兵编队列阵，带回长安。

在河西战役期间，汉武帝特地从京城送来一坛美酒，霍去病没有独自享用，而是将酒倒入泉水中，让全军将士饮用。据传，后来此泉改称为酒泉，当地也以泉命名。

不久，武帝设置武威、酒泉两郡，连同后来设置的张掖、敦煌二郡，统称为"河西四郡"。霍去病受降有功，又增加了食邑。

从此，匈奴的军事力量大大削弱，不得不退到遥远的大沙漠以北地区。汉朝西部的威胁彻底解除，通往西域的道路完全畅通了。

匈奴主力虽远逃漠北，但仍未放弃对汉朝边境的掠夺。公元前120年秋，匈奴骑兵万余人又突入定襄、右北平地区，杀掠汉朝边民一千多人。汉武帝决定远征漠北，彻底消灭匈奴军队。

公元前119年，汉武帝调集十万骑兵，随军战马十四万匹，步兵辎重队几十万人，由卫青和霍去病各领五万骑兵，分东西两路向漠北进军。卫青从定襄出塞，北进一千多里，与匈奴单于所率主力相遇，经过激战，大败匈奴单于，斩获一万九千多人，一直追到真颜山赵信城（今蒙古国杭爱山南麓）才胜利班师。

汉武帝原来的计划是由霍去病专力对付匈奴单于，所以给他配备的全是经过挑选的精兵强将。霍去病率军从代郡出发，大胆地重用匈奴降将赵破奴、复陆支、伊即轩等，在大沙漠地带纵横驰骋，行军两千多里，越过离侯山，渡过弓闾河，与匈奴左贤王相遇。汉军发动猛攻，左贤王大败而逃。这次战役，活捉匈奴屯头王、韩王等三人以及匈奴将军、相国、当户、都尉等八十三人，歼敌七万名。匈奴左贤王部几乎全军覆灭。霍去病率军追至狼居胥山（今蒙古国境内德尔山）。为庆祝这次战役的胜利，霍去病在狼居胥山积土增山，举行祭天封礼，又在姑衍山（狼居胥山附近）举行祭地禅礼，并登临瀚海（今贝加尔湖），刻石记功，然后凯旋还朝。这就是被后世大为称赞的"封狼居胥"的佳话。

霍去病因功与大将军卫青一起被拜为大司马。

从此以后，匈奴向北向西迁到更偏远的地方去了，长城内外一片和平气象，丝绸之路更加畅通。

霍去病一生曾四次领兵出塞攻打匈奴，共歼敌十一万多人。他平时少言寡语，战场上却勇猛无比。他是一位军事天才，汉武帝常常劝他学习孙吴兵法，他却说："为将须随时运谋，何必定拘古法呢？"他是凭借战场上的直觉指挥战斗的，随机应变，闪电式行动，使他百战百胜，成为名扬后世的一代名将。

霍去病屡立战功，获得了高官厚禄，但他把个人的享受搁在一边，一心以国家利益为重。河西战役胜利后，汉武帝为了奖励他的卓越战功，特意命人在长安为他建造了一座豪华住宅，叫他去看看是否满意。霍去病谢绝了汉武帝的好意，气概豪壮地说："匈奴未灭，何以家为！"这句传诵千古的名言就是霍去病光辉一生的写照。

公元前 117 年，年仅二十三岁的霍去病因病去世。对于这位青年名将的过早离去，人们都感到无比的悲痛和惋惜。汉武帝特地命人在自己的茂陵旁边为霍去病修建了一座形状似祁连山的坟墓，并发动陇西、北地等五郡的匈奴人民，身穿黑甲，把霍去病的灵柩从长安护送到墓地安葬。霍去病的墓至今仍然矗立在茂陵旁边，墓前的"马踏匈奴"的石像，象征着他为丝绸之路安定立下的不朽功勋。

"投笔从戎"觅封侯

汉武帝开通西域、汉宣帝设西域都护以后，西域诸国一直与西汉王朝保持着良好的关系。然而，王莽在夺取西汉政权后进行改制时，贬抑和改换西域各国王号，引起了普遍的不满，自此西域埋怨反叛，与中原断绝关系并再次从属匈奴。居住在漠北一带（现今甘肃和新疆以北）的北匈奴，经常骚扰丝绸之路沿线地区，迫使丝绸之路中断了六十多年。

进入东汉以后，为这条道路复通作出贡献的人中，有位著名人物，他就是班超。

班超是东汉扶风安陵（现今陕西咸阳东北）人，生于东汉光武帝建武八年（公元32年）。班超一家都是大文豪，其父班彪系东汉一代大儒，曾续补司马迁《史记》，作后传六十五篇，

其兄班固是著名文学家、史学家，曾编著《汉书》，其妹班昭是一位很有学识的杰出女性，她完成了班固未竟的《汉书》。班超一家向来以重节自守淡泊仕宦而享誉东汉朝野。由于俸禄很低，班家经常出现吃穿不济的尴尬局面。年轻时，他是一介书生，由于家境贫寒，为了供养母亲，班超跑到洛阳投奔哥哥班固。经人介绍，在官府干些抄抄写写的文书工作。当他四十一岁时，匈奴犯乱，大汉在西域的都户也不复存在。兴盛多时的丝绸之路凋敝，严重影响东汉的政治经济社会发展。汉明帝刘庄应西域各国的请求，诏令窦固为奉车都尉，屯兵武威，并于公元73年率大军西征。此时，早已对整天抄写官报文牍感到很厌烦的班超非常想建立一番功业，他仰天长叹道："大丈夫无他志略，犹当效傅介子、张骞立功异域以取封侯，安能久事笔砚间乎！"于是，把笔掷于地上，加入西征的队伍，被任命为假司马，跟随都尉窦固西征。著名的"投笔从戎"的典故就是出自于此。

班超带兵攻打伊吾（今哈密附近），在蒲类海与敌人交战，斩杀了很多敌人首级而后回师。窦固认为他很有才干，便派遣他和军中从事郭恂一起出使西域。因为有匈奴的威慑和控制，西域一些小国在是否与东汉王朝交好的立场上难免会出现摇摆不定，所以出使西域是一项艰巨而危险的任务。班超通过与西域各国斗智斗勇，出色地完成了他的使命。

班超等人到鄯善国（本为楼兰国，汉昭帝时改为鄯善）时，鄯善国王一开始款待得十分周到，后来却忽然改变了态度。班超感到奇怪，猜想这一定是北匈奴派来了使臣从中作梗，鄯善王不知所从的缘故。于是，班超唤来对方侍臣，诈他道："我听说北匈奴使臣已经来了好几天了，他们现在哪里？"侍臣一听，十分惶恐，交代了一切。班超一听，果然不出他所料，便把跟随来的官兵三十六人全部召到一起喝酒，趁大家酒劲正浓，激发道："现今大家和我一起都身在异国，本是想建功立业，可匈奴使臣来到这里没有几天，鄯善王就不把我们放在眼里，说不定哪天他会把我们送给匈奴，那我们的身体骨肉可就要被豺狼吞吃了。大家说该怎么办？"部下们都说："在这危亡的关头，生死都由司马您调遣！"班超提议道：不入虎穴，焉得虎子？眼下只有趁夜火攻匈奴使臣大营，使他们不知我们究竟有多少人马，然后趁乱消灭了他们。这下鄯善王就会吓破了胆，我们的事才能成功。大家提出：这事要不要跟从事郭恂商量一下，班超怕郭恂胆小坏事，只知自保，所以一口否定。就这样，班超独自率领三十六人，一举拿下匈奴军营，鄯善国举国震惊。班超和他的部下们一起胜利完成了这次出使任务，与鄯善王和盟而还。

班超回来向窦固禀报，窦固大喜，详细地把班超的功劳奏明皇帝，并且要求另外选派使者出使西域。汉明帝赞许班超的气节，下令说："有班超那样的官吏，为什么不派遣他而要另选他人呢？现在任命班超为军司马，让他去完成功业。"班超再次受命出使西域。

窦固想要多派些士兵给班超，班超说："我只愿带上原来跟随我的三十多个人就够了。如果有什么不测，人多了更是累赘。"这时，于阗国国王广德刚刚攻破了莎车国，声威大涨而将势力扩张到汉朝通往西域的南道，匈奴也派遣使者来监护于阗国。班超西行之后，先行到达于阗国。广德王对他很冷淡，接待的礼节十分粗疏。这个国家很迷信巫师，巫师对前来求教的广德王说："天神发怒说你们为什么一心想归顺汉朝？汉使那里有匹黑嘴的黄马，赶紧去弄来祭祀用。"广德王派遣使者去班超那里索取黑嘴黄马。班超暗中得知整个情形，便将计就计地答复说：巫师如果想要此马就亲自来取吧。不久，狂傲的巫师到了，班超立即手起剑落斩了他的首级，随后送到广德王那里去，并责问广德王。广德王早就听说班超在鄯善国诛灭匈奴使者的事，非常害怕，立即杀了匈奴使者而投降了班超。班超重重赐赏了国王广德及其属臣，于阗国被镇服平定了。

由于班超的节节胜利，西域南道上的许多小国，也纷纷与汉朝通好，丝绸之路南道的形势大为改观。由于班超节节胜利，断绝了六十多年的新疆南道又重新打通了，北道的东西两端也为汉朝所控制。根据这种形势，汉朝重新设置了西域都护和戊己校尉，为丝绸之路的复通创造了条件。

永平十八年（公元75年），汉明帝驾崩，北匈奴在西域的势刀乘机进行反扑，汉朝尽撤西域屯兵，使独留疏勒的班超孤立无援，故汉章帝命令班超还朝。这一消息迅速在疏勒国传开，引起上上下下的极大恐慌和不安。一个名叫黎弇的都尉说道："汉使若离开我们，我们必定会再次被龟兹灭亡。我实在不忍心看到汉使离去。"说罢竟引刀自刎，以死劝留。当班超来到于阗时，王侯和百姓呼号悲泣，诉说苦衷。不少人还匍匐在地，抱住班超等人的马脚，苦苦挽留。看到这种情景，班超深为感动，他不顾朝廷命令，毅然决定留在西域。当他返回疏勒后，经过深思熟虑，以疏勒为基地，联合附近各国，力争打开局面。

建初三年（公元78年），班超统率疏勒、于阗、汗弥及康居诸国的士兵一万余人，攻破姑墨（今新疆拜城），从北面解除了匈奴对疏勒的威胁。为了平定西域，保护丝绸之路的畅通，他又上书东汉政府，请求派兵援助。朝廷即派徐干为假（代）司马，率兵一千余人前去增援。班超以将兵长史的官职，率领徐干的援军，联合西域各国的力量，经近十年的艰苦努力，先后平定莎车、龟兹、尉犁、危须（今新疆博斯腾湖北）、焉耆等地的贵族叛乱，并击退贵霜王朝（今阿姆河流域）的入侵，使西域五十余国重新置于东汉的管辖之下，疏通了丝绸之路的南北通道，保障了西北边疆的安全。和帝永元三年（公元91年），班超出任西域都护，管辖西域各国，驻龟兹的它乾城；徐干为长史，驻疏勒。至此，班超通西域的历史任务胜利完成。汉和帝下诏褒奖他的功劳，并封为定远侯，故后世人称"班定远"。

班超的大半生转战在西域疆场，他机智勇敢，叱咤风云，为进一步开通和巩固丝绸之路，为加强中原和西域、中国和外国的友好往来，建立了不朽的历史功勋。

班超四十一岁出使西域，历时近三十年，他与西域人民患难与共，并出色地完成了自己的使命。三十年过去了，班超已从一位壮年男子变成一位"头发无黑，两手不仁，耳目不聪，扶杖乃能行"的七旬老翁。当年随行的人都已故去，迟暮之年使他越来越想回到中原的故乡。他给皇帝写了一封书奏，表达了"不敢望到酒泉郡，但愿生入玉门关"的愿望。他的妹妹班昭也替他委婉陈辞，汉和帝终于为之感动。公元 102 年，班超以七十一岁的古稀之年终于回到了东汉国都河南洛阳，一个月后与世长辞。这位为丝绸之路复通和西域人民的安宁奉献了一生的人，留下许多传奇佳话被后世流传。

塞外互市

裴矩（公元 548—627 年），河东闻喜（今山西闻喜）人，原名世矩，因避唐太宗讳而去世字。幼年时父母相继病故，幸运的是裴矩出身于以文学传家的世族之家，任北齐中书侍郎的伯父裴让之给了他良好的教导。裴矩自幼好学上进，见识广阔，青年时期就已很有名气。在家庭的影响下，他平时很留心政治，并进入了仕途。裴矩的一生在北齐、北周、隋、唐四朝为官，还一度参加窦建德的农民政权。在裴矩近八十年的人生中，功过是非，后人评说不一。但有一件事，被后人一致认为是最有意义的事迹，那就是隋炀帝时期裴矩在丝绸之路上的活动，尤其是主持张掖"互市"。

隋朝政府一方面采取政治和军事方针，展开对丝绸之路构成极大威胁的主要敌人突厥、吐谷浑的斗争，拓展西北疆域，建立对西域发展贸易的商镇、军镇；一方面扩大隋与西域、中亚、波斯的经济联系，积极发展丝路贸易，使隋朝的经济影响迅速扩展到亚欧大陆广阔区域。

想要发展贸易，抑制突厥的势力是不容忽视的前提。入仕隋朝以后，备受重用的裴矩发挥了重要作用。裴矩曾出使突厥，以下嫁公主和亲的策略，联络与隋友好的突利可汗，劝说东突厥都兰可汗放弃与隋敌对的政策。又使可汗杀死北朝周时嫁到突厥的大义公主，从而扫除了东突厥最高统治集团内部以大义公主为首的反隋势力。不久，又派兵平定寇边的西突厥，"破达头可汗于塞外"。启民可汗即位归服隋朝时，裴矩又受隋炀帝委托去抚慰突厥人。

裴矩不愧是出类拔萃的外交家和战略家，他仅仅运用计谋，而不是庞大的军事行动，就让突厥实质上分裂为东西两大汗国，这个盛极一时的草原帝国在内耗中被严重削弱了。这一成就被证明是扎实和持久的，东西突厥之后再没有统一，并在大部分时间处于敌对状态，很多年之后唐朝的辉煌胜利便直接得益于裴矩的成就。削弱突厥势力成为发展丝绸之路贸易的重要保障。

由于裴矩十分熟悉西域各地的情况，在边境问题和国外民族方面成为隋炀帝的主要顾问，去河西敦促经济的发展自然非他莫属。于是，隋炀帝派裴矩去张掖主持"互市"，企图控制与外商的贸易。主持互市的主要任务为"引致西蕃"，用我们今天的话说就是"招商"，吸引西域各国前来与中国贸易。

为什么选择在张掖进行"互市"活动呢？因为隋朝建国伊始，立即采取一系列措施巩固其统治地位，其中重要的一项就是要阻止北方游牧民族的侵扰，保证丝绸之路的畅通。当时，包括张掖在内的河西地区，不仅是丝绸之路的必经之地，而且这里是一个汉、突厥、吐谷浑等多民族聚居区，农耕与游牧交错，民族间的经济贸易十分活跃。作为丝绸之路上的重要城市，决定了张掖的国际贸易地位，中西政治、经济、文化的双向交流，这样得天独厚的优势使张掖成为隋朝国际性贸易名城。

由于魏晋南北朝时期中原地区长期的战乱，对外交往与中西经济交流也明显减少。为了让西方各国对隋朝经济恢复发展的情况及隋朝政府对外贸易政策有更多的了解，裴矩一方面给予前来贸易的胡商尽可能多的商业利益，这样商人们就会互相转告，从而使西域的商人纷纷前来。另一方面，他还积极向那些来华的西域诸国使臣展示中国的富有，宣扬中国贸易的广阔前景，使节们回去后把见闻汇报给各国国王，这些统治者们自然就会以国家形式与中国发展贸易往来。

隋朝大业五年（公元 609 年），隋炀帝率大军从京都长安浩浩荡荡地出发到甘肃陇西，西上青海横穿祁连山，到达河西走廊的张掖郡。这次西巡河西的活动为促进丝绸之路的贸易起到了积极的作用。而裴矩在皇帝西巡前，曾往敦煌，派遣使者赴高昌和伊吾等国，以巨大的商业利益为条件，劝说这些国家的国君来参加这次盛会。隋炀帝到达张掖之后，西域二十七个国家君主或使臣纷纷前来朝见，表示与隋朝交好，各国商人也都云集张掖进行贸易。裴矩的努力加强了中国与西域地区的国际贸易。

裴矩还是一个不知疲倦的地理学家和人种学家。在履行职责时，裴矩前往今甘肃省的边境贸易站，在那里收集关于亚洲腹地的情报；

经过认真研究，他向皇帝呈献《西域图记》，书中描述了中国西面约四十个"国家"的特点，同时概略地叙述了通往"西洋"的主要贸易路线，《图记》中附有详图。在对待西域问题上，他的政策性建议是使用和平方式的代表人物，即主要是中国的财富和威望，来尽量争取这些民族或尽量影响它们。

从某种意义上说，裴矩的招商活动为隋唐以来丝路贸易的全面繁荣奠定了坚实的政治经济基础，使数百年来滞缓的丝路贸易从隋唐以后发生了质的变化。

西行取经走丝路

在我国民间流传着"唐僧取经"的故事，其实，唐僧是一位真实的历史人物，即唐代的玄奘法师。他所到的"西天"就是佛教的发祥地印度，他取回的"经"，除了佛教经书外，还有许多有用的新知识。他通过丝绸之路往返西域，在这条悠悠古道上留下了坚定而光辉的足迹。

玄奘，世称唐三藏，俗姓陈，河南陈留人，生于隋文帝仁寿二年（公元602年），圆寂于唐高宗麟德元年（公元664年）。十二岁时出家，遍读佛经，深体宗旨，决心削发皈依佛法，为佛家事业贡献一生。玄奘勤奋好学，通晓多部经典，但他没有以既有的成就而感到自足，于是周游国内各地，遍访高僧。二十几岁时就成为了誉满京城的著名和尚。随着玄奘佛学知识越广博，他的疑问也就越多。他发现，既有经论之义或隐或显，不免有所出入，令人不知所从。于是，玄奘决心西行求法，以弄明白众多的疑问。

唐太宗贞观三年（公元629年），二十八岁的玄奘从长安出发，开始了他非凡的五万里西域之行。当时的政府明令不许百姓私自出国，各主要道路关隘的稽查很严。无奈之下玄奘开始了昼伏夜行的艰难潜行生活。

走到瓜州时，玄奘发起愁来，因为经过打听得知，已快到玉门关了，这是西去必经之路的咽喉，无路可绕，旁边的葫芦河水流湍急不能渡过。而从玉门关向西北走四百里，有五个烽火台，都有驻守的兵队。每个烽火台之间各隔百里，中间没有水草，过了这几道关卡再穿过一片名叫莫贺延碛的戈壁才是伊吾地区。道路艰险，而他的马已在途中死去了，这可怎么办呢？等了一个来月，玄奘也没有想出主意，而此时凉州搜捕他的公文也已经到了。

瓜州有个叫李昌的官员怀疑玄奘就是牒文要捉拿的人，就带着牒文来找玄奘，他指着牒文说："法师，你是不是这个牒文中说的人？"玄奘大吃一惊，吞吞吐吐一时不知怎么回答。李昌对他说："你必须说实话，我才能为你想办法。"玄奘把实情告诉他，李昌深为赞许，当面毁了牒文，帮助玄奘买了马匹，又雇了一个胡人为他引路。

天快黑的时候，玄奘和这名胡人向导一起出发，二更天时就在朦胧的月色中远远地看见了玉门关（唐代玉门关在今安西双塔堡的葫芦河边）。在玉门关上方十里的葫芦河只有几米宽，年轻的胡人随从砍下几棵树，搭在河上，又铺上草和土，搭成了一座小桥让玄奘过河。过河后，玄奘送这名胡人一匹马表示感谢，然后孤身西进。

走了八十多里路后，看到了一座烽火台，玄奘怕被发现，白天隐藏在山沟里，夜里才出发。一天玄奘走到烽火台不远处看到有水，赶紧过去喝水、洗手，正准备用皮囊盛水时，一支冷箭射了过来，差点就射中他的膝盖，紧接着又是一支。玄奘连忙大喊："我是从长安来的僧人，不要放箭！"

台上的人引玄奘去见守台的军官王祥，玄奘据实告诉他自己出关的目的。王祥听后对玄奘表示非常敬佩，但他担心路途艰险莫测，玄奘根本到不了印度。王祥劝玄奘回敦煌去，由他引见在那里可以得到礼遇。玄奘谢绝了王祥的好意，表示自己西行的决心已下定了。王祥十分感动，命士兵为玄奘装好面饼和水，亲自送出十多里路，分别时指着前方对玄奘说："这条路可以到第四烽火台，到那里找我的同宗王伯陇，对他提起我，一定就会得到关照的。"说罢哭拜而别。

玄奘到了第四烽火台，果然受到了关照，并知道了不用通过第五烽火台而直接通向莫贺延碛沙漠的路。玄奘走出一百多里后却迷失了方向，水源没有找到，反倒在饮水时失手打翻了皮水囊，眼看着仅有的一点儿水瞬间渗入了沙土，玄奘焦急万分。不久，他又遇到大风，顿时飞沙走石，昏天黑地。玄奘被困在荒漠之中，四天四夜没有喝一滴水，简直陷入了绝境。然而玄奘决心已定，他发誓说：宁可向西走一步就死去，也决不向东一步以求生！幸好到了第五天的夜里，忽然感到一股凉意，醒来后向前慢慢寻找，终于在十里之外的地方发现了一小块有水草的绿洲，人和马终于得救了。

贞观四年（公元630年），经过了几个月的跋涉，玄奘来到了火焰山下的高昌国（今吐鲁番地区），高昌国王热情地接待玄奘，在苦留不成的情形下，送给玄奘黄金百两、银钱三万，绫绢等许多丝织品，马三十匹，足够玄奘往返所需。同时还命二十五人随从，写了二十多封国书，给沿途的各国，然后洒泪分别。玄奘从阿克苏北天山的穆素尔岭到达西突厥，在高峻的雪山上走了七天，随行的僧徒冰死的有十之三四，牛马损失很多。好不容易过了天山，沿伊塞克湖以西向前，通过阿姆河北和铁门峡谷到达今阿富汗，又爬过兴都库什山东达迦湿弥罗（今克什米尔），南下到今巴基斯坦、北印度。经过近两年的岁月，渡过了无数危难，终于到了印度的王合城那烂陀寺（今印度比哈尔邦巴腊贡）。

那烂陀寺是当时印度最高学府和佛教圣地，有主客僧徒约两万人，从大乘经典到因明、声明、医方、术数都研习，大师云集。玄奘在这个寺中受到僧众的欢迎，生活上享受十位高僧才能受的待遇，出入可以乘象。他在此居住了五年，跟从戒贤法师受学，屡次参加宗教辩论大会，与婆罗门教等论师辩论获胜，声誉日隆，升任那烂陀寺副主讲。

东印度迦摩缕波国国王拘摩罗王慕名遣使来请，玄奘到达该国时，国王率领群臣迎拜赞叹。戒日王也闻名来请，拘摩罗王便偕同玄奘来到曲女城，戒日王非常高兴，召集各国僧侣在曲女城召开辩论大会，五印度十八国国王全都列席，三千多名大小乘高僧、两千多位婆罗门等教徒，以及一千多位的那烂陀寺寺僧，全都参与盛会，这就是佛教史上著名的"曲女城辩论大会"。玄奘受请为论主，登上宝座，称扬大乘佛教，他说："如果我所说的有一字无理，谁能发论折服的话，我愿斩首谢罪。"从早到晚，连续十八天，他高坐宝位，发挥宏论，大众无一人敢与其辩论。散会时，各国国王都送珍宝，玄奘一概辞谢。依照印度的通例，凡是辩论胜利，便乘象出巡，以示荣耀。于是，戒日王礼请玄奘乘象出巡，并遣人执旗前导巡行，将大会盛事宣告于众。

由于玄奘受到戒日王的推崇，戒日王便与中国通使。玄奘在印度周游各国，巡礼佛迹，游历以佛教壁画、雕刻等艺术闻名世界的南印度阿姜塔石窟等地之后，携带经、像、舍利等，经由疏勒、于阗归国。贞观十九年（公元645年）春天，四十四岁的玄奘载满名震五印的声誉回到长安，夹道相迎的有数十万人之多。次日，长安街上陈列着玄奘带回来的佛舍利，金檀佛像七尊，经论六百五十多部，从朱雀街排到弘福寺，长达数十里，群聚无数瞻仰者，烧香散花不断。玄奘的西行求法，往返共历经十七年，行程达五万里，大大促进了中印文化的交流，并为佛教在中土的进一步发展开辟了道路。

唐太宗召见玄奘，敕住弘福寺，与弟子窥基等人专心致力于梵文经典的翻译，历经十九年，共译出经律论七十五部，总计有一千三百多卷。所译经典数量庞大，不但惊人，而且译笔信实，讲究逐字逐句符合原典的忠实原则，杜绝古代译经家信笔直译的翻译手法。因此，后世的译经家把玄奘以前所译的经典称为"旧译"，自玄奘之后所译的经典称为"新译"，同时尊他为中国佛教史上的四大译经家之一。在他所译的经典之中，大多是唯识经论，玄奘也成为中国唯识宗的初祖。中国佛教经过法显、玄奘等人的西行求法，穷本探源，已得佛教的全部精义。从此，佛学也日益昌盛于中国。

玄奘归国后，将沿途各国的风土习俗以及政治、历史、宗教上的遗迹轶闻，写成《大唐西域记》十二卷，所记印度情形，在各种印度游记的著作中，最为详细，堪称是中国第一个印度通。同时，他把"天竺"的名称改译为"印度"。书中所记印度地理的概要，极为精到，能描绘出印度真实的轮廓。可以说，印度佛教不但影响世界各国的思想，对中国文学的影响也很大。其他如绘佛画、塑佛像、建寺塔、做道场、放焰口等，也同样使中国的绘画、雕刻、建筑、音乐等艺术有着创新的发展。总之，这部被译成多种文字而闻名中外的世界名著《大唐西域记》，为研究中亚、南亚史地和社会风俗以及中西交通史、文化关系史等，提供了极宝贵的资料，具有很高的学术价值。

　　玄奘是中国佛教史上伟大的译经家，开辟了中国译经史的新纪元，同时他还积极讲经弘法，热心佛教教育，门下人才辈出。玄奘的译经传教，使长安成为当时世界佛教的中心，日本和韩国的僧侣也纷纷投到玄奘门下，再把中国佛教传到各国。玄奘是中国佛教史上的一代伟人，他的一生是充满传奇色彩和令人钦敬的一生，他被称为"中国佛学界第一人"，实在是当之无愧！

昭君出塞

　　昭君，姓王，名嫱，字昭君，西汉南郡秭归（今湖北省兴山县）人，是中国古代四大美女之一。晋朝时为避司马昭的名讳，又称"明妃"。昭君天生丽质，聪慧异常，擅弹琵琶，琴棋书画，无所不精，可谓"娥

眉绝世不可寻，能使花羞在上林"，是位才貌双全的姑娘。大约在公元前 36 年，汉元帝在国中遍选秀女，昭君被选中。这年的春天，昭君泪别父母，登上官船，历时三个月之久，来到了京城长安，入宫后为掖庭待诏。

按常理说，昭君这样品貌出众的姑娘应该很快受到皇帝的注意，但昭君并没那么幸运。传说，当时宫女进宫后，一般都不是由皇帝直接挑选，而是由画工画了像之后再送给皇帝看，以此来决定是否入选。后宫宫女纷纷贿赂当时的画工毛延寿，好把自己画得美一些。王昭君对这种贪污勒索的行为很不满意，因自恃貌美，不肯贿赂毛延寿。这样一来，毛延寿不但没有把昭君的美貌如实地画出来，反而加以丑化。因此，昭君在后宫被冷落了三年，无缘面君。

公元前 33 年，北方匈奴首领呼韩邪单于主动来汉朝，表示愿与汉王朝交好，并请求和亲。汉元帝同意了，决定挑选一名宫女封为公主嫁给呼韩邪单于。

后宫里的很多宫女，整天被关在皇宫里，平日里很想出宫，但谁也不愿意嫁到匈奴去。管事的大臣很着急。这时，有一个宫女毅然表示愿意去匈奴和亲，她就是王昭君。大臣急忙上报元帝，元帝吩咐大臣选择吉日，让呼韩邪迎娶公主。临启程去往匈奴之前，王昭君向汉元帝拜别，元帝见到她后十分吃惊，只见昭君美丽端庄，而且气质非凡，十分动人。元帝非常后悔，很想将她留下，但此时已经晚了，只得目送她远嫁匈奴。

元帝回宫后，越想越懊恼，自己后宫有这样出众的美人，怎么不知道呢？他叫人从宫女的画像中再拿出昭君的像来看，才发现画像上的昭君远不如本人可爱，面颊上还被点了一颗落泪痣。元帝看罢极为恼怒，立即惩办了毛延寿。

关于这个故事，许多历史学家认为很可能是后人杜撰，但它却流传已久。北宋王安石曾在《明妃曲》中说："归来却怪丹青手，入眼平生几曾有。意态由来画不成，当时枉杀毛延寿。"可见这个传说影响很广。

昭君被呼韩邪迎娶离开长安，她怀抱琵琶坐在马上，回望着长安城，一路上马嘶雁鸣，拨乱了她的心绪。昭君弹起了怀中的琵琶，手指拨动了琴弦，传出了离别的忧伤之曲。传说，送亲队伍从长安出发后，天空中一直有大雁随行，高飞的大雁听到这悦耳的琴声，看到马上的这位美丽女子，不觉沉浸其中，忘记了扇动翅膀，以致跌落地上，这就是"昭君落雁"的来历。

大约走了一年，昭君终于到了匈奴。初夏的草原，野花摇曳，马跃羊奔。欢腾的匈奴人民，热烈地迎接这位美丽的"阏氏"。昭君慢慢地习惯了匈奴的生活，和匈奴人相处得很好。昭君把中原的文化传到了匈奴，并促进了匈奴和汉朝和睦相处。

昭君死后葬在大青山，匈奴人民为她修了坟墓，并奉为神仙，她的坟墓被称为青冢。

在历代诗人的眼中，王昭君的一生是令人感伤的，正所谓"千载琵琶作胡语，分明怨恨曲中论"。但是不管怎样，王昭君是坚强的，她为了祖国，千里迢迢来到匈奴，给汉朝和匈奴带来了六十多年的和平。

文成公主入藏

唐贞观八年（公元 634 年），年仅 18 岁的吐蕃英主松赞干布刚刚登位，唐太宗派使者赴藏抚慰。松赞干布十分高兴，听说吐谷浑王迎娶了唐朝公主，于是就派使节随唐使入朝请婚。唐太宗没有马上答应，过了六七年后，唐朝一位大将在战斗中被所俘，松赞干布决心化解干戈，释放了这名将军，又派相国禄东赞献上黄金五千两，各种宝物数百件，向唐求婚。

这一次，唐太宗终于答应将一位公主嫁给松赞干布，她就是文成公主。文成公主是唐太宗的宗室女，她的父亲李道宗是唐高祖李渊的堂侄，因战功被封为任城王。文成公主自幼受家庭熏陶，学习文化，知书达理，并信仰佛教，是位聪慧美丽的皇族少女。唐太宗降旨，将她从任城（今山东济宁）召至长安，封为文成公主，以待远嫁吐蕃，为两国友好作出巨大贡献。

贞观十五年（公元 641 年），唐太宗令任城王李道宗亲送公主嫁入吐蕃。临行时，唐太宗率满朝文武到灞桥相送，折柳嘱托，希望文成公主到吐蕃后能造福人民。文成公主沿"丝路"西行至青海，松赞干布率部下亲迎至河源，拜见李道宗，行子婿之礼，并十分自豪地对部下说，我祖祖辈辈没有这上国（指唐朝）的，现在我能够迎娶大唐公主，实在是非常幸运，我要为她修一座城，以夸示后代。勇敢贤惠的文成公主入藏后，"袭执绢，为华风。遣诸豪子弟入国学，习诗书。又请儒者典书疏"。同时，她还带去大批谷物种子、珍宝、书籍和能工巧匠等，把先进的生产技术传播到了西藏高原，为西藏的经济文化发展作出了卓越的贡献。

从史籍的零星记载和种种遗迹判断，文成公主被迎入藏，是沿丝绸之路由渭阿流域经青海而南行的。沿丝绸之路一直到西藏拉萨留下了许多关于文成公主和松赞干布的传说和遗迹。在西宁向西二十五千米的佛教圣地塔尔寺，藏族人民用精美的酥油花，制成巨大的立体画卷，记述着文成公主经过青海入藏的故事。拉萨大昭寺是松赞干布和文成公主曾经生活过的地方，这座举世闻名的寺院是为文成公主、尺尊公主（松赞干布的尼泊尔妻子）和弘扬佛法而修建的。大殿中供奉的镀金释迦牟尼铜像是文成公主千里迢迢从长安带去的。配殿内供有松赞干布和文成公主的塑像，寺内有许多的精美壁画，其中有文成公主骑马过雪山的画卷，大昭寺西门外还有相传是文成公主亲手种下的唐柳。

自文成公主入藏，唐与西藏建立了"和同一家""代为舅甥"的亲密关系，汉藏人民的团结发展到了空前的水平，保持了三十年的和平局面，并且影响到后世。

　　650年，松赞干布去世后，文成公主又在吐蕃生活了三十年，继续致力于加强唐朝和吐蕃的友好关系。她热爱藏族同胞，深受百姓爱戴。她曾设计和协助建造大昭寺和小昭寺。在她的影响下，汉族的碾磨、纺织、陶器、造纸、酿酒等工艺陆续传到吐蕃；她带来的诗文、农书、佛经、史书、医典、历法等典籍，促进了吐蕃经济、文化的发展，加强了汉藏人民的友好关系。

随着时间的流逝，丝绸古道上一个个曾绵延数百年文明的王国隐退了，一个个曾融会东西方文化精华的独特艺术绝迹了，一片片曾充满诗情画意的绿洲消失了。茫茫沙尘之下是一个绚丽繁华的故事，只是如今已不能完全看清它的情节。这些就是丝绸之路上的神秘古城，华美之后，只留给我们一个个寂静而充满遐想的背影，让无数遥望的人憧憬和想象。

消失的沙漠天堂

离阳关一千六百多里远，古代有个西域邦国——楼兰。这是丝绸古道上令人向往又神秘莫测的地方。"楼兰"这个名称最早出现在西汉司马迁所著的《史记》中，大约在公元前3世纪，楼兰人建立了自己的国家。当时楼兰受月氏统治，在公元前177到公元前176年，匈奴打败月氏，并管辖了楼兰。据《汉书·西域传》记载，楼兰是西汉时期西域一个著名的"城郭之国"，有居民一万四千多，士兵将近三千人。它的位置大约在现今我国新疆塔克拉玛干大沙漠东沿，孔雀河注入罗布泊的三角洲上，都城叫扜泥城。

许多专家认为，这个地方的遗址就在现已干涸的罗布泊西侧，属于新疆若羌县，隋唐时叫石城镇。

楼兰国属丝绸之路要冲，是中外使者和客商频繁过往的地区。西汉时，从楼兰向西北行，可以到达西域都护府所在地乌垒城，向北行通屯垦要地可达吐鲁番；西南迈且末、于阗，出葱岭而到大月氏。

随着匈奴势力的侵入，楼兰国无法抵挡，只得依附匈奴，为匈

奴提供情报。面对着汉使遭到匈奴攻杀、商旅饱受劫掠的情况，汉武帝大为恼火，派将军赵破奴、王恢，领兵数万，大败匈奴于吐鲁番地区，攻破楼兰，俘获楼兰王，楼兰从此附汉。但是，想周旋在汉与匈奴两大势力之间的楼兰王，在匈奴反间计的作用下又数次杀害汉使。汉昭帝元凤四年（公元前77年），大将军霍光派遣了一个叫傅介子的官员，带领几名勇士，设计刺杀了楼兰王，立楼兰王的弟弟尉屠耆为王，改楼兰的国名为鄯善。

尉屠耆王和汉很友好，为了远避匈奴，将都城南迁，又建议汉

昭帝遣将屯田伊循，以便更好地对付匈奴，保障鄯善国的安全。汉昭帝采纳了他的建议，派兵在伊循屯田，以后又设立了都尉，置军侯。于是，东西商旅往来更为频繁，楼兰也变为南道著名的繁荣城镇。此时的楼兰已成为沙漠中的天堂，西域的乐土。

东汉时班超曾在此活动，三国时鄯善属于魏，西晋王朝曾封鄯善王为归义侯。可是到公元4世纪前后，这个曾经名噪一时的古国却突然间消失了。《周书》是最后一部对楼兰王国作了专门介绍的正史。到了唐代，"楼兰"已成为了边远的代名词，李白的《塞下曲》中就有"愿将腰下剑，直为斩楼兰"的诗句。

一个古国就这样神秘地销声匿迹了，只留下一片废墟沉睡在沙漠中。

20世纪初，瑞典探险家斯文·赫定带领的探险队来到了罗布荒原，在偶然中发现了一座废墟上的古城。赫定在古城内大肆发掘，获取了大批古币、丝织品、具有中亚希腊化艺术风格的雕花建筑构件等文物。1902年，赫定回到瑞典，将考古的资料和发现的一些木简、纸张残片交给专家辨认。德国专家们仔细研究和确认之后，得出了一个震惊世界的结论：这片在流沙下沉睡了十几个世纪之久的罗布泊荒漠，就是曾在中国史书上记载、后来又神秘消失的楼兰。

此后，考古学家接踵而来，随着考古的不断深入，许多珍贵文物被公之于世，引发了人们极大的兴趣，这座古城也开始闻名中外，也让一个又一个楼兰之谜诱惑着所有的人。

楼兰，这个充满传奇色彩的人类家园，在消失了一千多年之后，终于又一次回到了人们的视线之中。作为一个曾经繁荣兴旺的古国，是怎样突然不见踪影的呢？作为曾融会东西方文化精华的楼兰文明是怎样失落的呢？这个问题在学界争论了一个多世纪之久，大约有几十种推测，至今还没有一个明确的结论。归纳起来，自然环境的变化、政治经济中心的转移和人类活动破坏自然这三种说法比较有代表性。

"自然环境的变化"这一说法是斯坦因第一个提出来的。20世纪初，他从楼兰考察回国后，发表了冰山退缩导致河流流量减少，土地被沙漠化，而楼兰也因此废弃的说法。

这在中国古代的著作中也已找到一些根据，公元6世纪北魏时郦道元所著的《水经注》上说：东汉以后，由于当时塔里木河中游的注滨河改道，导致楼兰严重缺水。敦煌的索勒率兵一千人来到楼兰，同时召集了楼兰、焉耆和龟兹的士兵三千多人，不分昼夜地拦腰截断注滨河，把水引入楼兰，以缓解楼兰的水源危机。但在这之后，楼兰古国最终还是因为断水而被废弃了。

持"政治经济中心转移"这一说法的学者则认为，楼兰古国的兴盛是丝绸之路带来的，同时，它的衰落也是丝绸之路引起的。因为在两晋时期，丝绸之路的北道日渐繁盛，中原在楼兰的驻军和屯田也随之向北转移，在这种情况下，楼兰日渐萧条，最终被废弃湮没。

"人类活动破坏自然说"认为楼兰人在吸收、创造高度发达文明的同时，也以惊人的速度破坏着自己赖以生存的环境。由于违背自然规律，盲目地砍伐和放牧，从而使水土快速流失，大面积沙化变为荒漠。造成风沙加剧，河流改道，气候反常，疾病流行，这里逐渐成为了盐碱泛滥、流沙漫天的不毛之地，王国也就随之消亡。

同时也有人认为，给楼兰古国致命一击的是瘟疫。传说在沙漠中有一种可怕的急性传染病，叫做"热窝子病"，一旦流行会使大批的人在短时间内丧生。在巨大的灾难面前，楼兰古国的人们在恐慌中纷纷逃亡，而楼兰古国也就这样消逝了。

从考古发掘来看，这种"瘟疫说"也得到一些支持。因为考古发现，楼兰古国是突然间被废弃的，又没有战争的痕迹，也不像是人类逐渐迁移之后留下的遗迹。在楼兰古国的遗址中，发现了大量珍贵的文献和各种财物。如果是因为干旱等原因迁走，这里的人怎么会这样仓促地舍弃自己的家园，扔下如此众多的财物呢？也许，真的是瘟疫让惊慌失措的人们不顾一切地逃离了吧。

楼兰古国消失的谜团，还有待历史学家们的不断探究。

1980年的春天，新疆考古队与纪录片《丝绸之路》摄制组一同来到罗布泊，借此机会探寻楼兰古国的遗迹。

4月，新疆考古研究所应中央电视台《丝绸之路》摄制组的邀请，组织了楼兰考古队赴楼兰地区进行考古调查。在这次调查中，考古队在罗布泊北端、孔雀河下游的铁板河出口处，一个寸草不生的土埠顶上，看到了一些干枯的树枝和芦苇秆。考古队估计这里可能有古人活动的遗迹，于是将上层的浮土小心地清除，果然，他们发现下边显现出了一处早期楼兰人的墓葬！这令考古工作者们又惊又喜，并马上进行挖掘工作。他们用了一天时间，先把古墓周围的土一点一点清除掉，接着又小心地将填压在死者身上的树枝和芦苇取走。随着清理工作的完成，一具完整的古代楼兰女性的尸体呈现在考古工作者的面前，让在场的人都惊呆了。

对于考古工作者来说，墓穴里发现尸体不是什么罕见的奇闻，但眼前这位楼兰女子外形保存完好，她仰卧在这座典型风蚀沙质的土台中，仿佛刚刚睡去一样。她面容清秀自如，鼻梁尖高，眼睛很大，眼窝很深，连长长的睫毛都清晰可见，毛发、指甲都保存完好，头发细密，呈棕黄色，发长约二十到二十五厘米，自然蓬散披至肩部。皮肤呈古铜色，部分皮肤仍富有弹性。她的上身用一块粗毛布裹着，毛布在胸前交裹处用削尖的小树枝别住，下面裹一块加工处理过的羊皮，头上戴有毡帽，帽上插有几根雁翎，脚上套有一双毛皮翻在外面的鞋子，鞋面和底是用粗羊毛线缝接的，没有袜子。墓内随葬品极其简单，除随身穿戴外，仅在古尸头下左边有一个用香蒲草和芨芨草秆茎编的小提篓，提篓内填满泥土。手臂处还发现一把木梳，梳齿是削刮成圆尖的木齿，一根根嵌入梳柄中，梳柄是用两块硬皮对拼夹住木齿后灌注皮胶制成。墓内和周围环境中不见任何陶器踪迹。

经过考证，这具古尸的年代距今三千多年，她具有白种人的特征，是迄今为止新疆出土最早的一具。这位女性去世时大约在四十五岁，身高约1.57米，血型为O型。楼兰古尸被发现的消息传到日本后，引起了轰动，很快有日本人为她花了一年时间复制头像，一时间"楼兰美女"的称谓传遍世界。

2003年，另一个沉睡了数千年的楼兰美女在罗布泊向人们展示了她的微笑。

考古学者在一个名为小河墓地的地方发掘了多具船棺，其中一只船棺上蒙着生牛皮。据推测，楼兰人应该是把活牛牵到下葬现场来宰杀，剥下牛皮后包裹在棺木上。随着牛皮中的血水渐渐蒸发，牛皮慢慢收缩，最后把棺木包裹得非常紧密，使风沙雨水难以侵蚀到棺中的墓主人。考古人员用工具揭开牛皮，紧绷在棺木上的牛皮断裂时发出沉闷而有力的声音。

墓棺露出来了，它由两块长约两米、宽约四十厘米、厚约十厘米的胡杨木板材做成，经加工成了弧形，然后两头对接，中间宽两头尖，活像一对"括号"。墓棺并没有底，墓主人卧于平整的沙土上，上面盖上一块块长短不一的用小板拼接出来的棺盖。整体形状看上去酷似一条独木舟被底朝天地扣在了地上。

棺木顶头上的第二块盖板被打开了，一个美丽的年轻女尸的脸出现在了人们的眼前：她头戴尖顶毡帽，微闭着双眼，连楚楚动人的长睫毛都整齐地挺立着，上面蒙着一层细细的沙尘，甚至美丽的面容上还带着一丝微笑。这是一个具有欧洲白种人特征的美女，具有欧罗巴人种的典型特征。

经测定，这位女性古尸是三千八百多年以前被安葬的，去世时大约三十五岁。因为是在小河遗址发掘的，所以将其命名为"小河公主"。

楼兰美女墓棺的发现，引起的震动一点儿也不亚于当初楼兰古城的发现，并由此引发了关于楼兰人种问题的大讨论。罗布泊地区古时居民属于什么人种？具有欧罗巴人种特征的人为什么会出现在三千多年前的中亚地区？

同时，新疆考古学者还曾经对楼兰城郊墓葬中发掘出土的六个颅骨进行过人种学测定，其中五个属欧洲人种，一个属蒙古人种。由此，也许可以推测，古罗布人的种族组成，以欧洲人种的地中海东支类型占相当优势。这一特点，与帕米尔塞克类型居民相似，说明他们之间存在密切的种族系统学关系。而个别蒙古人头骨的存在，又说明古罗布人的人类学成分不是单纯的欧洲人种民族。

罗布泊，连同塔里木盆地，在地质时期都曾经是古地中海的组成部分，而在与地中海断绝自然的联系后，在某一历史时期，在人类学上又表现了惊人的相似。这一事实说明，环境与社会是具有继承性的。至于楼兰古城人种是否由古楼兰人演化而来，这仍然是个谜。

美玉的故乡

于阗即和田

不知是历史的幸运还是不幸，英国冒险家斯坦因是第一个揭开古于阗国都约特干神秘面纱的人。斯坦因于1900年10月到达这里，通过四处挖掘，卷走了大量文物，也使得于阗古国走入人们的视线。

于阗，即今天的和田。早在公元前2世纪，于阗这个城邦之国就已经出现了。位于我国新疆塔里木盆地南部，这一地区是我国西部边陲一块蕴金藏宝、宜农宜牧的热土。这里气候温和，土壤肥沃，农产品非常丰富，桑蚕和丝织品也很发达。发源于昆仑山的玉龙喀什河和喀拉喀什河流经这块绿洲，河中盛产质地上乘的美玉，其中一些呈白色，润如羊脂，因此得名"羊脂玉"。

于阗古国是丝绸之路南道上的大国，是西域诸国中最早获得中原养蚕技术的国家，手工纺织业非常发达。闻名于世的玉石，曾远销东西各国。西汉时张骞出使西域从大月氏回来时就是经过于阗返回中原地区的。在张骞通西域以后，中原史书中才有于阗这个名字出现。"于阗"一名最早见于《史记·大宛列传》。此后，《汉书》《后汉书》《魏书》等正史都记载了于阗古国，《法显传》《洛阳伽蓝记》等也都对于阗做了记述。

于阗在各种古书中也曾被称为五端、兀丹、斡端、忽炭、扩端、鄂端等，到清代时就成了和阗，到1959年，"阗"字简化为"田"字，和阗就成了和田。历史上，唯独《大唐西域记》将于阗称作"瞿萨旦那"。我们在前面说过的"传丝公主"的故事中就提到了这个国家。

于阗早期的居民以伊朗的西徐亚人、印度人和汉人为主。西汉时，于阗国都设在西城，人口达一万九千多人，全国有三千三百多户，战士两千多人。西汉末，中原发生战乱，于阗国乘机向外扩张，称雄丝路南道，全国已经有三万多户，八万多人。其国土东起罗布泊，南邻吐蕃，西南至葱岭，西北到疏勒。晋代时，于阗国王被册封为"晋守传中大都附奉晋大侯亲晋于阗王"。公元445年，吐谷浑慕利延败退到于阗，杀死了于阗王，占据了于阗国。公元648年，吐谷浑被唐太宗打败，于阗复国，正式隶属于唐朝。公元674年，唐在其地设毗沙都督府，封于阗王尉迟伏阁雄为都督。

后来，于阗王尉迟屈密即位，将王子送到长安做质子，被授予相当于都督的毗沙将军衔位，标志着于阗与唐朝正式确立了君臣关系。唐朝灭亡后，中原出现了五代十国的封建割据状态。公元912年，尉迟僧乌波继位，成为于阗王，他自称"唐之宗属"，并以唐朝国姓李氏为姓。这位于阗国王就是历史上著名的李圣天。自李圣天以李氏为姓后，原本由尉迟家族统治的于阗政权就被人们称为"李氏王朝"。公元938年，统治中原的后晋曾派张匡邺等人来到于阗，册封于阗王尉迟娑缚婆李圣天为"大宝于阗国王"。

宋朝建立、中原统一后，于阗与宋朝的交往更加密切，多次进贡玉石。于阗不仅与宋朝来往不绝，有着密切的隶属关系，而且与宋在西北地区的归义军节度使曹氏家族结为姻亲。当时曹议金的长女嫁给甘州回鹘首领，次女嫁给李圣天为皇后。这位皇后贤惠能干，在于阗王室中有很高的地位。在敦煌莫高窟中头戴冕旒、身着法服的"大朝大宝于阗国大圣大明天子"李圣天的巨幅画像后，即是"大朝大于阗国大政大明天册全封至孝皇帝天皇后曹氏"的画像。

于阗国在西域各国中算得上相对强大繁盛的国家。遗憾的是，没过多久，于阗国与喀喇汗王朝发生战争，不久战败，于阗国就此消亡。这个由尉迟氏建立的佛国，历经汉、魏、晋、南北朝、隋、唐、五代，到北宋仍有极强的辐射力，与中原王朝联系不断，朝贡不绝。其王朝经历了13个世纪，是中国历史上最长命的下属王朝，国祚之长与生命力之惊人在整个世界史上也极为罕见。

清代褚延璋曾有一首律诗描写这一地区："毗沙府号古于阗，葱岭千盘积翠连。大乘西来留法显，重源东下问张骞。渔人秋采河边玉，战马春耕陇上田。今日六城歌舞地，唐家风雨汉家烟。"可见这里自古就是富庶之地，并且曾是丝绸之路上的重要城邦。

西域的圣战

在古代"西域三十六国"中，于阗是个有名的信奉佛教的国家。这里是我国佛教入传的必经之地，丝绸之路佛教东渐的要道，凡传入中国的经典，十之八九都要经过这里。于阗原本盛行小乘，然而到公元5世纪初，盛行大乘佛教，并逐渐成为大乘佛教的中心。

佛教在于阗地区真可谓兴盛一时，公元4世纪末，东晋高僧法显曾到过于阗。他在行记中说于阗国是"其国丰乐，人民殷盛，尽皆奉法，以法乐相娱。众僧乃数万人，多大乘学，皆有众食。彼国人民垦居，家家门前皆起小塔，最大者可高二丈许，作四方僧房，供给客僧及余所须……"隋唐时期的于阗地区是西域一个比较强大、文明程度较高、具有一定代表性的地方政权。玄奘取经途中，也路过于阗，受到了热情接待。当时，于阗国已大半是沙碛，但气候和畅，人民的性情也温恭有礼而崇尚佛法。

在西域地区伊斯兰化之前，这片绿洲是丝绸之路南线上最重要的佛教文化中心。在于阗佛教艺术中，也明显地表现出了印度和波斯文化的影响。

据《于阗授国记》中记载：公元70年左右，来自克什米尔的高僧毗罗折那来到于阗弘法。于阗王尉迟胜继位后，下旨把佛教定为国教。当时，每年农历的四月初一，于阗国都要举行重大仪式。通俗地说，就是带有礼佛意味的狂欢游行。那一天，于阗的国都中街道清扫得非常干净，城门上高挂着帷幕，到处张灯结彩。尊佛的国王偕王后参加巡礼，举国出动参加这场欢乐的仪式。备受尊崇的瞿摩大寺赶着高三丈左右的供有佛像的车子走在游行队伍最前列。佛像车庄严神圣如同行宫，以僧幡盖顶，佛像立其中，整个佛像车金碧辉煌。当它来到距离城门百步远时，身穿崭新的衣服的于阗国王要摘下王冠，赤着双足，手持华香走出城门迎接佛像，焚香散花礼佛。佛像进入城中时，王后带领众多穿着华丽的宫女们在城楼抛撒花朵，一派五彩缤纷的欢乐景象。于阗国一共十四座伽蓝各行像一天，行像仪式完毕后国王与王后才回到宫中。在一千五百年前的于阗古国，佛教徒们在笑语欢声中庆祝自己的节日，气势之宏伟，场面之壮观，持续时间之长，在历史上非常罕见。因此，说于阗是当时佛教的圣地之一，并不为过。

斗转星移，历史不断变迁，这一地区逐渐伊斯兰化了。公元9

世纪末到 13 世纪初，新疆塔里木盆地西部及帕米尔高原以西以北地区，出现了一个以喀什噶尔为都城，由葱岭西回鹘联合其他民族建立起来的突厥地方政权，《宋史》称之为"黑韩"，《金史》称之为"哈喇汗"。这就是今天人们所说的"喀喇汗王朝"，又叫"黑

汗王朝"。当时，喀喇汗人大多信奉佛教。

公元893年，萨曼王朝（位于中亚地区的伊斯兰教封建割据王朝）以"圣战"名义入侵喀喇汗王朝。在军事的沉重打击下，喀喇汗王朝决定主动改信伊斯兰教，以使萨曼王朝没有继续侵略的口实。经过先后两代喀喇汗王的努力，喀喇汗王朝二十万突厥游牧民皈依伊斯兰教。阿尔斯兰汗实现本国伊斯兰化，巩固了统治地位，随着国力的不断强大，也开始像萨曼王朝一样展开了对外扩张，并将信奉佛教的于阗国定为了征服的目标。

于阗当时执政的是李氏家族，世代笃信佛教，对喀喇汗王朝强迫佛教徒改信伊斯兰教的做法非常不满。当喀什噶尔的佛教徒发动反抗强制改变宗教的暴动时，于阗对于受迫害和暴动失败的佛教徒给予了收留，这下更让喀喇汗王朝有了发动"圣战"的口实。

大约在公元962年，喀喇汗王朝出动了浩浩荡荡的军队，向于阗发动了一场以扩张为实际目的的"圣战"。一场恶战迫在眉睫，为了取得宋王朝和沙州政权的支持，李氏王朝的使者不断奔走于开封、敦煌和于阗之间，于阗国的三位王子也分别赶赴沙州和开封，请求支援。可此时的宋王朝内部事务纷扰，难以从军事上对于阗国给予援助，只派了一支一百五十七人的佛教僧侣使团前往，以表示支持。幸好，于阗得到了高昌和吐蕃的全力支持与援助，占据了明显优势。经过历时八年的战争，于阗军队占领了喀喇汗王朝国都喀什噶尔，当地居民纷纷归顺，喀喇汗国王战败后逃往中亚，他的宝物、妻子、大象、良马等都成了于阗军队的战利品。

不料好景不长，喀什噶尔很快又被喀喇汗王朝夺回。旷日持久的拉锯战又开始了。在一场恶战中，于阗军队虽然顽强抵抗，但被敌军击破。最终，敌军兵临阗城下。无奈之下，于阗王决定投降，全国改信伊斯兰教。于阗将领乔克和努克拒绝改变信仰，率领一部分同样信仰坚定的军民向昆仑山退去。喀拉汗王朝军队顺利占领了于阗。

乔克和努克在昆仑山中与追击而来的敌军进行了殊死搏斗。敌军来自远方，不熟悉昆仑山中的地形，常常不知方向，屡屡受到乔克和努克的袭击，伤亡惨重。在策勒一带的南部山区，双方又一次遭遇。战斗前，雇佣军为了鼓舞士气，举行了一次大型的礼拜。于阗军队利用敌人做礼拜的机会突然发起攻击。敌军在做礼拜时没有带武器，又来不及备马，见于阗军队杀上来了，顿时四散奔逃，陷入一片混乱。就这样，敌军被乔克和努克率领的军队彻底歼灭。这一次惨败，直接导致喀喇汗王朝在于阗的胜利化为泡影，只得在懊恼中立即撤军。

几年后，喀喇汗王朝再度恢复了实力，向于阗国发起新一轮的进攻。于阗国都再次被占领，喀喇汗王朝征服了于阗全境。

这一次战败，给于阗佛教带来了毁灭性的打击。于阗的佛教寺院被焚烧，佛像雕塑被毁坏，经卷文书散失殆尽，佛教僧侣大多被杀死，少数逃到了西藏和青海。于阗国从此被喀喇汗王朝兼并，不复存在了。吞并了于阗国之后，喀喇汗王朝从于阗人那里知道了宋王朝的富庶、强大，深知于阗与中原王朝的关系源远流长，于阗受汉文化的影响根深蒂固。所以，在占领于阗后，立即从于阗向宋朝派去了进贡使团。因此喀喇汗王朝的文字记载第一次出现在中国史书中。

从此，于阗国开始了伊斯兰教和伊斯兰文化的新纪元。隆盛一千多年的于阗佛教，在 11 世纪彻底衰落了。

昆山之玉

于阗，自古就是玉的故乡，于阗的玉石一直是中华民族的瑰宝，被誉为中国的国石。

在于阗地区，有一个关于和田玉的神话传说：相传，古代于阗国的玉河河畔，居住着技艺绝伦的老石匠和他的徒弟。一天，老石匠在玉河中拾到了一块很大的质地细腻的玉石，精心琢成了一个漂亮的玉美人。看着自己雕出来的玉人，老石匠情不自禁地说："多可爱呀，我要是有这样一个孩子该多好啊！"谁知，话音未落，玉美人竟然真的变成了一个活泼可爱的小姑娘，张开美丽的小嘴，认老石匠做父亲。老石匠高兴极了，给这个女儿取了个好听的名字叫"塔什古丽"。

后来，老石匠去世了，塔什古丽与父亲的徒弟小石匠相依为命，他们渐渐产生了爱情，两人憧憬着美好的生活，十分沉醉。没想到，当地有一个恶霸却在无意中看到了塔什古丽，顿时对美貌的塔什古丽起了歹心。恶霸趁小石匠外出的时候，带着手下一群帮凶抢走了塔什古丽，逼迫塔什古丽与他成亲。塔什古丽坚决反抗，恶霸恼羞成怒，用刀砍向塔什古丽。一刀下去，塔什古丽身上蹦出耀眼的火花，顿时火光四溅，点燃了恶霸的家。恶霸和他的帮凶们在大火中被烧死了。而塔什古丽自己化成了一股白烟，向美丽高洁的昆仑山飞去，一路上，她的身体里撒下了许多小石子，落下来，化为玉石的矿苗。

这个动人的故事在当地流传很广，人们在讲起这个传说时，还会以一句谚语做总结："宁做高山上的白玉，勿做巴依堂上的地毯。"可见，和田玉在人们的心中是高贵纯洁的象征。

和田玉，古时称作"昆山之玉""塞山之玉"或"钟山之玉"，维吾尔族称"哈什"。它的出产地就是号称"群玉之山"的昆仑山，美玉就夹生在海拔三千五百米至五千米高的山岩中，经长期风化剥解为大小不等的碎块，崩落在山坡上。每年五到八月份，昆仑山上的雪水融化以及下雨产生流水，就会将这些碎料冲刷入河水之中。经过河水的冲刷以及河底砂石的磨砺，这些玉石就会被打磨成上等的和田玉。

众所周知，和田玉是玉中上品，按类型可分为硬玉和软玉两种，以前者更为名贵。宋代张世南等人撰写的《游宦纪闻》中说，于阗国出产的玉可分作五色，白如脂肪，黄如蒸粟，黑如点漆，红如鸡冠或胭脂。

和田玉有七千多年的开发利用历史。早在新石器时代之前，昆仑山下的原始人就发现了和田玉，并制成了生产用具及装饰物品。自殷商时代起，成为宫廷权贵用玉主体，统治者视其为宝物，商代已形成规模开发。在殷墟的"妇好"墓中，曾出土了七百多件玉饰随葬品中，绝大多数都出自和田。

从秦始皇开始，一直到清代，和田玉备受世人的青睐，并成为帝王玉。皇宫的玉器多是和田玉制成，特别是象征皇权的玉玺多用玉制作，而其中绝大多数是和田玉。

公元940年，后晋的高居海出使于阗，描述了于阗采玉的情形：于阗境内有一条玉河，流至牛头山后，分成白玉河、绿玉河、乌玉河三条支流。虽然发源于同一条河流，但是各条支流中出产的宝玉颜色却与支流的名字一样。每年五六月份，河水暴涨，玉石就从昆仑山顺流而下。每年出产玉石的多少，由水势的大小决定。到了七八月份，河水水势减缓，人们就可以到河里采玉了。因为河里玉石太多，采集过程并不艰难，当地人把采玉叫做捞玉，可见当时和田玉的开采多么容易。当时于阗国国法规定，玉石的采集要由官府首先进行。如果官府没有去采玉，任何人都不许到河边去。因为玉石资源丰富，于阗国里的大小器物以及衣服上的某些零件常常是用和田玉做的。

高居诲的记载，比较全面地记载了和田玉石的分布、采集季节、采集方式等。从他的记述可以看出，玉石采集是于阗国的重要产业。

消失的精绝古国

在我国新疆的塔里木盆地，古时有一条名叫"尼雅"的河流从此经过，此水发源于昆仑山山脉，沿塔克拉玛干沙漠南缘中部向北

流入沙漠，全长大约二百千米。尼雅河在地势平缓的地方冲击出一片绿洲，叫做尼雅绿洲。

英国冒险家斯坦因在发现了深埋地下的于阗古国国都，并掠走大量文物后，又来到了小县城尼雅。他本想做些必要的修整，却无意中发现一位磨坊主人藏有一些带字的木板，具有深厚文字功底的斯坦因一眼就辨认出木板上的字是失传已久的印度孔雀王朝时代的古文字——佉卢文。

佉卢文最早起源于古代犍陀罗，是公元前3世纪印度孔雀王朝的阿育王时期的文字，全称为"佉卢虱底文"，最早在印度西北部和今天的巴基斯坦一带使用。公元1世纪到2世纪时在中亚地区广泛传播。公元4世纪中叶随着贵霜王朝的灭亡，佉卢文也逐渐消失了。18世纪末，佉卢文已经成了一种没人认识的"死文字"，直至1837年才被英国学者普林谢普探明了佉卢文的奥秘。

见到佉卢文让斯坦因非常吃惊，这种文字怎么会在新疆出现呢？这绝不是偶然的，这很可能是沙漠中一个不为人知的王国曾经存在的证明！怀着兴奋的心情，斯坦因向磨房主重金购得了这些木板，并且以丰厚报酬为引诱，请求磨坊主人带领他们到沙漠中那个发现木板的地方。

斯坦因一行人沿着尼雅河向北走去，走了几天以后，顺利到达了发现木板的废墟里面，眼前的一切令斯坦因目瞪口呆：古代的文书被完好地封存在屋内，储藏室里厚积的谷子还是橙黄色的，这里有用梵文书写的一段段佛经、汉文书简等，还有陶器、铜镜、金耳饰、铜戒指、铜印、铁器、玻璃、水晶珠饰、木器残片和各种丝织物，还有一些欧洲人不常见到的弓箭、木盾、红柳的木笔、六弦琴及餐具等。除了这些器物，官署、佛寺、民居、窑址、炼炉、果园、桑林、古桥、田畦、水渠及墓地等遗迹，也出现在了斯坦因的眼前，他简直不敢相信这是真的。在这里，时间仿佛停止了一样，这里的人们好像刚刚离开。走在这座沉睡了一千多年的古城里，斯坦因有种"消失了时间观念的奇怪感觉"。

早在新疆的时候，斯坦因就意识到自己将轰动世界、影响世界，这一天终于到来了。斯坦因回到伦敦后，他带回的文物首先震惊了英国，接着轰动了欧洲。学者们把这一遗址称为"东方庞贝"（庞贝：意大利西南沿海坎帕尼亚地区的一座古城，位于维苏威火山东南麓，公元79年10月24日，它一瞬间被维苏威火山喷发的火山灰埋在了地下，却因此保留了大量古罗马帝国的建筑遗迹和艺术文物，庞贝成为世界上最为著名的古城遗址）。

斯坦因猜测，尼雅遗址是中国史籍中记载的"西域三十六国"之一的精绝国。不久，中国国学大师王国维根据斯坦因发表的考察报告和尼雅遗址中发现的汉代残简作出断定："在汉为精绝国地"，从而肯定了斯坦因的推断。

1931年，斯坦因第四次来到尼雅，让随从从废墟中挖掘出了二十六枚汉代木简。木简用当时中原王朝通用的书写形式。在这样的木简中，他终于找到了让他期盼已久的记载，"汉精绝王承书从……"这七个字直接清楚地肯定了木简出土的废墟确实就是精绝王的住地，也就是说尼雅是史书中精绝古国的故址！

关于精绝古国，班固在《汉书·西域传》中是这样记述的："精绝国，王治精绝城，去长安八千八百二十里，户四百八十，口三千三百六十，胜兵五百人。精绝都尉、左右将、驿长各一个。"用我们现在的眼光来看，"精绝国"是一个人口仅与村落差不多的国家，可是在两千多年以前，分部在这片绿洲上的许多西域小国家都是如此。"精绝国"作为这样的小国，在古代丝绸之路上却是商旅们的必经之地，因此成了东西方文化的交汇之所。那精美的丝绸、犍陀罗艺术和佉卢文木牍，以及那些民居和佛塔，都表明精绝国的经济文化有相当高的水准，学者们称之为"尼雅文明"。

自《汉书》首次记载了精绝国以来，此后的史籍对它都很少提及，精绝国人最后在历史上出现时，已经是改名为鄯善国的子民了。作为一个仅有"胜兵五百"的袖珍国家，在那个常常发生兼并战争的时代是不可能长期独立存在的。楼兰国在改名鄯善之后，因为得到了东汉王朝的扶植，又是西出阳关第一站，曾经盛极一时。大约在东汉末年，强大起来的鄯善兼并了包括精绝在内的邻近的小宛、且末等几个绿洲城邦。从那时起，尼雅河流域被纳入鄯善王国的版图，精绝国改名为精绝州。

大约在西晋时期，精绝人虽然没有了自己的国家，但生活依然安定。后来精绝复国，在故土上仍然延续着自己的文明。西晋以后，尼雅文明逐渐衰落下去，变为没有人烟、流沙肆虐的荒漠。到了唐朝，玄奘在《大唐西域记》中作了记载，大意为："从媲摩川东进入沙海，走二百多里，就是尼壤（尼雅）城。尼壤城周长三四里，位于大沼泽地中，那里又热又湿，难以跋涉，芦草生长茂盛，没有可以通行的途径，唯有进入城中的道路可以通行，所以往来的人没有不经过这座城池的。而于阗则以此地作为其东境的关防。从尼壤继续往东走，就进入大流沙地带。那里沙流漫漫，聚散随风而定，人走过之后留不下痕迹。也正因为这样，有很多人在那里迷路了。在大流沙地带，放眼四顾，都是茫茫沙漠，分不清东南西北。因此，那些往来的行旅就把别人的遗骨聚集起来作为路标。不仅分不清方向，那里水草也很缺乏，热风肆虐，风起的时候人畜昏迷不清，很容易染上疾病。人们在那里时不时地还会听到歌和呼啸的声音，有时会听到哭泣之声。不知不觉间，人就会跟随声音，受到魅惑，不知道身在何处，这样一来就经常有走失的人。这都是鬼魂精灵所干的事……"

这之后就再也没有精绝国的记载了——精绝国神秘消失了。直到20世纪初斯坦因探寻遗迹，从此掳走大量文物之后，这座在沙海里掩埋千年的古城才又重新为人所知。

精绝国是如何从历史上消失的？是什么导致了尼雅文明的兴衰？一片璀璨的绿洲为什么变成了死亡的废墟呢？有学者认为主要原因是环境恶化，也有学者认为是战争。有些学者否定了这两种看法，却又无法解释精绝国的神秘消失。历史学家们在争论与困惑中，始终没能得到一个能被公认的结论。

　　环境恶化论的持有者认为，尼雅遗址在民丰县尼雅河流域北边，由于水源丰沛，精绝国曾是林木葱郁，灌草繁茂的绿洲，尼雅文明在绿洲中出现。但是，随着气候的变化，尼雅河出现了河道退缩的现象。精绝国也随着消失了。

　　从佉卢文书中可以看到，精绝国从尼雅河通过人工渠引水入注，无论是农田灌溉，还是生活用水，都由官方统一调配，连接各村的主干渠道的放水口是固定的，不到规定放水时间或不经官方批准，不能随便开口放水，造成水资源浪费，是要受到惩罚的。而且，在出土的佉卢文木简中也发现了这样的条款："砍伐活树，罚一匹马，砍伐树杈，罚母牛一头。"精绝国开始用法律手段保护水源和树木，可见环境已经恶化到必须通过法律强制保护的地步了。

　　即使如此，尼雅河最终还是断流了，失去了水源，居民无法耕种与生活，最后只好离开这里，迁移到其他地方。于是，尼雅的历史发展完全中断，成为没有人烟的废墟。

　　认为精绝国灭于战争的专家认为，从发掘到的佉卢文解读内容来看，精绝国王朝长期受到西南方向的强大部落"苏毗"人的威胁和入侵。木牍的文字表明"苏毗"人对精绝国的威胁到入侵一步步加深，如 "'苏毗'人之威胁令人十分担忧，余等将对城内居民进行清查"，"现有人带来关于'苏毗'人进攻之重要消息"，显然精绝国人无法抵御强大的"苏毗"人的进攻。他们在记述中反复提到"苏毗"人的侵略，可以说，精绝国是在预感大难临头中，忧心忡忡地度过了最后的日子。

考古学家们在这个沉睡了一千六百年的废墟上，看到了宅院内部各种遗物四处散落，房门敞开或半闭。用来存放佉卢文的陶瓮密封完好没有拆阅，储藏室里仍有大量的食物，甚至纺车上还有一缕丝线。这一切似乎告诉人们，尼雅王国在面临长期的入侵威胁后，遭到了惨重的致命一击，甚至没能留下最后的文字记载。

　　东汉末年，汉朝国力衰弱，中原处于分裂与战乱，无暇顾及西域。此时，西域各小国和部族相互侵吞的战乱也随之而来，所以精绝古国被更强悍的部落毁灭是很可能的。但导致精绝国灭绝的"苏毗"人在史料上并没有记载，使人们对性情悍勇、喜欢攻击掳掠的"苏毗"人留下种种猜测和不解。

　　更有人认为，精绝国既不是毁于环境恶化也不是毁于战争，精绝国消失的原因有待进一步考证。他们认为考古学家并没有在尼雅遗址周围找到关于尼雅河大规模改道的证据，也并未在尼雅河上游发现任何人类聚居点的遗迹。另外，在尼雅遗址里，不少住宅周围都有巨树环绕，果园中林木整齐。住处附近从堆积的淤泥看，还有水塘的痕迹。在这样好的生存环境中，很难说尼雅河会突然断流，导致精绝王国覆灭。即便是由于环境恶化，精绝举国迁移，可为什么没有开封的各类文书还整齐地放置在屋内墙壁旁？如果是因为环境的改变而搬迁，精绝人就更没有理由丢弃下官方的文件落荒而逃了。

　　同时，在尼雅遗迹中，没有残存的兵器沉埋沙中，所有出土的古尸，都是平静而又安详的。所有的房屋遗址，都是完整的。如果说精绝是毁于战争，又该如何解释这一切呢？

　　斯坦因曾记载他发掘一批文件的经历："从这批契约埋藏时得到的照顾以及对埋藏地点的标示来看，文书的主人明显是在紧迫中不得不离去，但却抱有重返的念头。发掘队员鲁斯塔姆一下就猜到那块标志的用意，因为现在农民被迫弃家而去时，他们仍然这样做。在掩埋时既没有遮盖，也没有用容器来保存这批极有价值的文件，这本身也清楚地表明离去之匆忙。"考古学家在尼雅遗址的一所房子的废墟中发现了一只狗的遗骸。它的脖子上拴着绳子，绳子的另一端拴在柱子上。显然，主人离去时忘了解开绳子，使这只狗活活饿死了。究竟发生了什么事，让精绝国的官员匆匆离去而又觉得自己能马上回来，让狗的主人在离去时连爱犬的绳子都忘了解？但他为何又一去不返？如果说精绝的居民真的集体迁徙了，他们究竟迁到了哪里？考古学家没有发现任何线索。

精绝国到底是怎么消失的呢？也许，人们再也无法知道答案了。在尼雅遗址上演绎了商贾穿行的繁荣景象，又带着无尽的神秘消失而去，这里的一切，仍默默地守候在大漠之中……

黑城的传说

在内蒙古额济纳旗达来呼布镇东南二十五千米处，平坦的原野上有一座突起的城，城高且厚，气势雄浑。它就是一度被蒙上神秘色彩的"黑城"。它是古丝绸之路上现存最完整、规模最宏大的一座古城遗址。在这广阔而空旷的沙漠中，入夜之后，月亮西上，城影投射在沙地上，四周异常空旷、寂静，有一种神秘的气氛。

在当地的土尔扈特部中，至今流传着有关这座古城的一个故事。

相传，在很久以前，有位名叫哈日巴特尔（蒙古语，译为黑英雄）的蒙古族将军在此筑城镇守。久而久之，人们便称哈日巴特尔为黑将军，此城便称为黑城。由于哈日巴特尔骁勇善战，不但晋升为将军，并深得皇帝欢心，将自己的小女儿许配给黑将军做夫人。

后来，黑将军羽翼渐丰，权势强盛，竟然觊觎皇权，企图一统天下。这一阴谋被公主得知，她便将黑将军阴谋篡权的消息报告了父皇。皇帝在盛怒之下派数万大军进攻黑城，悬赏捉拿黑将军。但是大军对黑城久攻不下，为不使黑将军逃脱，只好把黑城围困起来。

皇帝请来巫师卜卦，占卜过后巫师说："黑城地高河低，官军在城外打井无水，而城内军民却不见饥渴的迹象，必然有暗道通水，如果能将水道堵截，则必胜无疑。"原来离城不远处有一条额济纳河，黑城人吃的水，就是通过一条小河从额济纳河引来的。于是，皇帝又增派一万大军赴河流上游的咽喉部位，很快地截断了河水，并筑起一道巨大的土坝。

没过几天，黑城内人畜饥渴，近城的禾苗枯萎。困在城中的黑将军命令士兵在城内掘井，可直挖到几十丈深还是不出水。在这饥渴难忍、万般无奈的情形之下，黑将军只得下令准备突围。临行前，他把全城的金银财宝投入枯井中，又对自己的两个孩子说："你们去做财宝的主人吧！"说着便将两个孩子也活活埋入深井。随后他杀死了自己的妻子，带领士兵连夜凿通北部城墙，杀出了一条血路突围北上。可还没跑出多远就因寡不敌众，被杀死在乱军之中，黑城也在这场战争中被烧毁了。

现今在黑城遗址西北角城墙上，可以看到一个可容骑驼者进出的洞口，相传就是当年黑将军突围的洞口。在黑城内偏西北有个大

坑，相传就是当年不曾出水却用来埋藏了全城财宝的那口深井。而被当地人称为"宝格德波日格"的那座高大沙岭，相传就是当年大军截水所筑的大坝。

随着历史学家对这座古城的研究，它的神秘面纱终于被揭开了。原来，它的确是西夏故都和当年的丝绸之路重镇亦集乃。黑城，蒙古语为哈日浩特，这座城处在通向蒙古政治中心和林的交通要道上，也是捍卫酒泉、张掖的一个军事前哨据点。西夏时在这里驻威福军，黑城就是专供威福军居住而修筑的。到元代时，元世祖忽必烈下令在此置亦集乃总管府，总管府下辖山丹、西宁两州，实际上主要任务是守住西宁、张掖、居延的南北交通线。

黑城曾经是个繁华热闹的地方。据考证，从城的规模来看，西夏到元代的二百多年中，是它的黄金时代。现存城墙为元代扩筑而成，平面为长方形，周长约一千米，东西四百三十多米，南北三百八十多米，周围约一千六百米，最高达十米，东西两面开设城门，并加筑有瓮城，这在沙漠中是非常少见的。城墙西北角上保存有高约十三米的覆钵式塔一座，城内的官署、府邸、仓廒、佛寺、民居和街道遗迹仍依稀可辨。城外西南角有伊斯兰教拱北一座，巍然耸立在地表。城墙用黄土夯筑而成，残高约九米。城西北角建有一覆钵式喇嘛塔，西南角有清真寺建筑，这只是当年喇嘛教和伊斯兰教的许多宗教建筑的少量遗存而已，可见历史上，它们在此都是兴盛一时的。据元代史书记载，忽必烈曾派兵在此屯田，现在四周古河道和农田的残貌仍保持其轮廓。

这座热闹的城市第一次遭到破坏大约是在公元1226年，成吉思汗第一次打进甘肃，黑城首先遭到了冲击。不过，显然这次打击并不是很大。在近五十年后，即元世祖忽必烈至元十二年（公元1275年）意大利商人旅行家马可·波罗和他的父亲、叔父，从张掖骑马走了十几天来到了这里，准备经黑城到皇帝避暑的夏宫去拜见忽必烈。他们所见的黑城依然农畜兴旺，往来行人不断。直到元代后期，黑城仍没有遭到严重破坏。

第二次彻底的破坏带有传奇色彩。这就是我们前面讲的黑将军的故事，而学者的研究与传说有些不同。地方志中明确记载着明代时黑城无人居住，而元代末年则宫室犹存，显然，黑城被彻底废弃是在元末明初。传说中的黑将军与元末亦集乃守将卜颜帖木儿非常相似。当时的情况是这样的，朱元璋和各路起义军打下了元朝的京城大都，元朝主力基本被歼灭，只剩下扩廓帖木儿一路不时和刚刚站稳脚跟的明王朝对峙。朱元璋非常恼火，公元1372年，派徐达、冯胜等人发兵三路出塞攻打，这就是明代的河西之役。其中冯胜率人马打到黑城时，守将卜颜帖木儿兵败而降。

至于黑城为什么最后废弃，有人认为是被火焚烧的原因，也有考古学家认为黑城是因为水源的缺失才变成空城的。至于为什么没有水，可能是像传说中那样作战中切断水源，也有可能是自然变迁的原因。

传说与历史有一些出入，至于"黑将军"是否真的把众多财宝埋入深井，更是留给后世的一个悬念。不过，这个故事曾吸引了许多人到黑城挖宝，人们挖了一遍又一遍，还没有一个人找到黑将军埋下的八十车金银。1907年，以沙俄学者科兹洛夫为首的探险队两次对黑城进行了掠夺式挖掘，盗取了大量的史料文物。1914年的夏天，斯坦因又率探险队来到这里一通挖掘，盗走不少文物。

黑城遗址除先后吸引了许多中外考古学家外，近年来不少丝绸之路考察者也来到了这里。这座古城先后出土了很多有价值的文物，其中有汉文古书三百多册，还有回鹘及突厥文书和书籍，最可贵的是许多西夏文书籍和经卷，可见佛教曾在黑城兴盛一时。在遗址中还发现了许多丝绸品，有珍贵的丝毡，其余多为各色印花丝绸。其中有一幅金光闪闪的黄绸书面，上面织着一条龙的图案，形态与敦煌千佛洞丝织的风格相似。遗址中还发现了多幅水墨画，形态自然传神。另外，斯坦因还在这里挖出一张忽必烈时代的钞票，自唐代发明"飞钱"，宋、元使用过钞票以来，这种实物完整保存下来的十分稀少。有学者认为，斯坦因发现的这张钞票应是世界上现存最古老的钞币之一。

据推断，至今城内还埋藏着丰富的西夏和元代等朝代的珍贵文书，所以保护黑城遗址是非常重要的。近年来，由于周边地区沙化严重，流沙从东、西、北三面侵蚀黑城，许多遗址已埋于沙下。黑城遗址的城墙西北角顶部筑有五座佛塔，保存至今尤为珍贵，但同样面临风蚀坍塌的危险。城垣背风的一侧，积沙几乎与城墙等高。沙漠已经快将这里吞噬，黑城里面还埋藏有多少珍宝是一个未解之谜，但它给人类带来的思考绝不应该仅仅是珍宝。虽然黑城早在14世纪中后期就已成为沙海中的孤城残址了，但两千年前开辟的丝绸之路的北线——居延北线，就在黑城附近通过，因而黑城仍有极高的考古价值。

黑城于2005年6月25日列入全国重点文物保护单位，2008年8月1日，国家启动了黑城遗址抢救性维修保护工程，进行保护标志、围封防护栏、加固东西瓮城、铺设参观栈道、修补城墙豁口、铺设透水砖、清理瓮城内外城址周边积沙等工作，改善和提高黑城遗址的保护、研究、管理和展示的水平。

如今，这座风沙中的古城坚强地挺立着，向人们诉说着它历尽沧桑的故事。

驰名中外的丝绸之路，以丝绸贸易为开端，逐渐发展成为历史上沟通亚、欧、非三大洲和东西交通的大动脉。

丝绸之路使东西各族人民的文化通过互相交流和提高放出了异彩。通过丝绸之路，辉煌灿烂的中国文化吸收了域外文化而更加丰富多彩，繁荣的中国文化传播到东西方各国，推动了各国科学文化的发展，产生了深远的影响。在中外交流史上，具有难以估量的意义。

汗血宝马

在中国，一提起"汗血宝马"，人们就会浮想联翩。传说它体态健美，奔跑如飞，疾速飞驰时，前颈部位流出的汗呈现血色。在中国民间，对"汗血宝马"有着丰富和神奇的传说，甚至产生了"马生两翼""天马行空""飞黄腾达"等众多想象。

这种被人们津津乐道的古代神马，近年来又引起了热议。2007 年 7 月，在人们的视野中消失了千年的梦幻之马——"汗血宝马"，从它的故乡中亚土库曼斯坦，乘专机由空中穿越古丝绸之路来到了中国。这匹马是土库曼斯坦总统作为中

土两国和平友好的象征赠送给我国的。于是，已消失很久的汗血宝马又一次出现在人们的视线中。

汗血宝马在中国又称天马、大宛马，在著名的古籍《史记·大宛列传》和《淮南子》中都记载了汗血宝马的传奇故事。它是通过丝绸之路传入中国的。

据传，大宛国贰师城附近有一座高山，山上生有野马，奔跃如飞，无法捕捉。大宛国人在春天晚上把母马放在山下。野马与母马交配后，生下来就是汗血宝马。汗血宝马肩上出汗时殷红如血，肋如插翅，

日行千里。

汉武帝是一位爱马的君主，曾派人到乌孙去求马。乌孙王为了对汉王朝表示友好，先后两次赠马一千多匹。武帝非常高兴，亲自在长安上林苑中打猎试马，果然爬山越涧，奔腾如飞，于是武帝把它叫做"天马"。

汉武帝除了得到乌孙马之外，又在丝绸之路重镇敦煌得到一匹神异非凡的良马。元鼎四年（公元前113年）秋，有位叫"暴利长"

的小官，因获罪被发配到敦煌屯田并在渥洼池畔牧马。他常见一群彪悍的野马在池边饮水，其中一匹枣红色的马毛色光亮，非常神骏。暴利长就用泥土做了个假人儿，给它穿上衣服，手持勒绊立在水边。当野马对土人习以为常不再警惕时，暴利长就代替泥人，自己手持勒绊站在了水边。等野马又来饮水，暴利长趁其不备一下子将它套住。暴利长把野马献给了汉武帝，并称此马是从渥洼池中跃出，是天上"神马"下凡。汉武帝得到此马后，欣喜若狂，并作歌咏之，歌曰："太一贡兮天马下，沾赤汗兮沫流赭。骋容与兮跇万里，今安匹兮龙为友。"大意是说："太一神赐给我的马是一匹天马，跑起来流着赤色的汗和唾沫，放开驰骋可以超越万里，只有腾云驾雾的龙才配做它的朋友。"可见，武帝对此马是如获至宝。

　　这匹野马就是一匹"汗血宝马"。位于今天中亚地区的大宛国，是大宛汗血马的产地。汉武帝从到过西域的汉使那里得知，大宛汗血马是一种比乌孙马更好的良马，他非常想通过这种马改变国内马的品质，加强汉王朝的骑兵，于是向大宛国买马。谁知因为"汗血宝马"，竟引起了西汉王朝与大宛国的两次战争。

　　最初，汉武帝派出汉使团，带重礼去大宛国，希望换回大宛马的种马。汉使来到大宛国首府后，提出汉朝皇帝的请求，并抬上珠宝丝绸，其中还有一匹用纯金做成的金马。大宛君臣一见这么多金银珠宝，还有那匹金马，非常心动。不过，不知大宛国王是爱马心切，还是从军事方面考虑（因为在西域用兵以骑兵为主，而良马是骑兵战斗力的重要组成部分），总之，就是不答应以大宛马换汉朝金马的要求。没有得到良马不说，紧接着，准备归国的汉使全部遭到杀害，金银珠宝和金马也被劫掠。汉武帝闻讯勃然大怒，随即作出了出兵雪恨、武力夺取汗血宝马的决定。

　　公元前109年，汉武帝刘彻任命李广利为贰师将军，派出六千羽林军，并将全国各郡的无赖、恶少、罪犯等也发往参军，共组织两万多人开始了远征大宛的战争。由于出发前正值秋收，关东发生罕见的大蝗灾。集结到敦煌的大军没有充足的给养就踏上了征程。李广利率兵到达大宛边界的时候，已经是初冬时节。由于水土不服，粮食缺乏，一路跋涉大漠荒滩、饿死、病死、被沙漠吞没的不计其数，两万大军损失了一大半，马匹也伤亡惨重。第一次围困大宛并没有取得预想的效果。在大宛军队的反击下，汉军向东溃败，大宛骑兵一路追杀，汉军尸横遍野。最后只剩李广利率领几百人逃回了敦煌。

汉武帝闻报后大怒，派出使者把守在玉门关，传令道：军队有敢入关的，斩首！李广利闻令十分恐惧，不敢进入玉门关，只得驻扎在敦煌。汉武帝又调集二十万军队出征西域，同时，调用十万匹军马，十万头牛和骆驼运输物资，还有五十万只羊作为随军的肉食运往敦煌。这次出征吸取了上次的教训，没有走上一次经楼兰的老路，而是绕道盐泽以北，攻破了轮台国。

轮台被汉军攻破的消息在西域各国家中不胫而走，沿途各国无不恐惧。对汉军需要的粮食和饮水，更是主动供给。在汉朝军队的

威慑下，大宛的王公贵族们首先坚持不住了，他们秘密派人联络李
广利，表示愿意献出天马。李广利则明确要求：不仅要献出天马，
大宛国王及其附属国郁成国国王也必须被处死。第二天，这两人就
被大臣们绑缚到了汉营。汉军在大宛城下将两个国王斩首，立亲近
汉朝的昧蔡为大宛新国王，然后带上挑选出来的几千匹大宛马，踏
上返乡的路途。大宛马归汉时，武帝还令沿途设亭迎接，因而沿丝
绸之路许多地方建有"候马亭"。这次战争使得汉朝得到汗血马，
并使汉朝的威望达到了新的制高点，西域诸国几十年中不敢妄动，
这也为后来东汉时期班超出使西域打下了基础。

　　汉武帝对汗血马非常喜爱，歌诗曰："天马来兮从西极，经万
里兮归有德。承灵威兮降外国，涉流沙兮四夷服。"对"天马"大
加赞美，汗血马从此名扬天下。

　　西域良马由丝绸之路输入内地，牲畜交流也曾是丝绸之路交通
史上较大的物产交流之一，因此河西走廊一带的古代艺术作品中有
许多天马的形象。最著名的莫过于从武威雷台出土的东汉铜奔马，

它正是"天马行空"的艺术造型。这件艺术品之所以精巧卓绝，绝不是孤立和偶然的，很有可能是借鉴了当时许多描述天马的作品，根据当时流行的款式加以创造而成的。

全世界现存的汗血马总数量非常稀少，一共只有三千多匹，多产于土库曼斯坦，因此土库曼斯坦将汗血马奉为国宝，常当做国礼赠送其他国家，并将汗血马的形象绘制在国徽和货币上。近年来，土库曼斯坦致力于向国际市场推荐阿哈尔捷金马，中国也先后购进过十余匹。

一般马的汗液是白色的，呈气泡壮，不可能像血一样，那么这种马为什么会流出红色的汗液呢？这个问题在学术界大致有三种回答。

第一种观点认为是"阿哈马真汗血说"。有研究者通过对饲养阿哈马的人员进行访问得出结论：血是透过马的汗毛孔慢慢渗出的，在马的肩部形成一片垂直条状血迹。"血"的颜色鲜红，又很稀薄，好似掺有大量的淋巴类液体，稍后血色转紫，干燥后在皮毛上留下一层褐色粉化状物质。持"阿哈马真汗血说"的学者认为，只有阿哈马的汗血与古籍中的描述相符，古代的大宛汗血马即现代阿哈马。但这种现象只是少见的个例，而且都是"听说的多，见到的少"，因此表示怀疑的人很多。

第二种观点认为这是由于寄生虫引起的。国外有专家曾对汗血马的"汗血"现象进行过考察，认为"汗血"现象是受到寄生虫的影响。我国清代的德效骞在《班固所修前汉书》一书中认为：说穿了，这只不过是马病所致，即一种钻入马皮内的寄生虫，这种寄生虫尤其喜欢寄生于马的臀部和背部，马皮在两个小时之内就会出现往外渗血的小包。

传说，土库曼斯坦有一条神秘的河，凡是喝过这河水的马在疾速奔跑之后都会流汗如血，如今这条河却无从寻找。对此，有些学者提出了不同的看法，他们认为"寄生虫说"很难成立。自古到今的马身上都有寄生虫，并不是汗血马独有的。如果是寄生虫引起了汗血宝马流汗如血，那它为什么不随时流汗如血，而偏在疾速奔跑之后流出？

第三种观点认为这是由于人的错觉。"流汗如血"是一种文学上的形容，汗血宝马的皮肤较薄，奔跑时，血液在血管中流动容易被看到，另外，马的肩部和颈部汗腺发达，马出汗时往往先潮后湿，对于枣红色或栗色毛的马，出汗后局部颜色会显得更加鲜艳，给人以"流血"的错觉。

以上观点似乎都有各自的道理，却又都有令人质疑的方面。至于汗血马得名的由来，

还有待人们的不断探寻。

　　"汗血宝马"非常有耐力，即使在五十摄氏度的高温下，一天也只需饮一次水，因此特别适合长途跋涉。尽管如此，古籍中记载的"日行千里，夜行八百"也只是传说。一般的马只能日行一百五十千米左右，最多日行二百多千米。中国古代利用快马传递军事信息的驿站，号称"五百里加急"，恐怕最长的驿站也没有二百五十千米。现在公认的速度最快的马是纯血马，一分钟大约能跑一千米，但这样的速度只能在训练场或赛马场坚持一两分钟，时间一长，马有可能被累死。

　　关于"汗血宝马"，古人为什么有"日行一千"甚至"马生两翼""天马行空"等许多神奇的传说呢？对现代人来说，"汗血宝马"只是史书上的一种传奇，但这种传说又有其深刻的内涵。在中国古代，汗血马更多地蕴涵着人们的理想和幻想，将"汗血宝马"的力量和形象神化，表现出中国古代人们的生活与马息息相关的特点。马在中国古代一直是民族生命力的代表，而且是历史文化上最奔放活跃的角色。正如"秦王铁骑取天下，六骏功高画亦优"所反映的，马既是轻便而耐劳的畜力，又是极为重要的作战工具。汗血马这样的骏马是人们梦寐以求的，汗血马叱咤风云的气质代表着古代人们崇尚的勇气与力量。中国历代的文人墨客也写出众多诗词作品和传奇故事来描写"汗血宝马"，以至于已形成了一种中国人独有的汗血马情结。

　　"汗血宝马"以它的健美身姿和难解之谜，成为给人们带来美感与幻想的生灵，为丝绸之路平添了一抹传奇的色彩。

贸易的繁荣

　　无论陆上还是海上的"丝绸之路"，最初都是为丝绸贸易向外

传播中国丝绸而闻名于世的，随着历史的发展，它的意义却远远超过丝绸贸易的范围。贸易是国际交往的媒介，我国很早就通过"互市"与其他国家和地区进行商贸接触。贸易也是两千多年丝绸之路的主要活动之一，许多友好往来是由商人开始的。当年许多国家的使节，都兼有使者和商人的双重身份。西汉元封五年（公元前 106 年），汉武帝派遣到安息的使臣除了广携丝帛交好诸国外，还兼有丝绸贸易、购回西方物品的任务，称得上是中国派遣到伊朗的第一个丝绸商队。

丝绸之路贸易最繁盛的时期是汉到唐，中国境内最重要的贸易中心和交易点为长安、洛阳、甘肃河西走廊、新疆于阗一带，龟兹、疏勒、轮台以及鄯善等地。西汉王朝设立了专管外交事务和商务的大鸿胪，并在长安设立"蛮夷邸"，即供外国使者和商人居住的地方。朝廷还指定官员用黄金及丝绸与西域交换马、骆驼、兽皮、皮织物、宝石、珊瑚、琉璃、香料等。私商经过政府批准以后，可以与外国贸易。中国输出的商品以丝绸为主，其次是漆器、瓷器、铁器、金银、茶、药材等。尤其是丝绸最受欢迎。西汉桓宽编著的《盐铁论》中说，中国用二丈素帛，就能从西域换回几万钱的货物。

唐代取天山南路、平定西突厥之后，消除了贸易上的障碍，国际贸易更加兴旺。加之后来大食勃兴，波斯、印度等国商人也蜂拥而至。那时中国的纺织品也出现了西方题材的产品，新疆吐鲁番高昌故城出土的隋唐时代丝绸，发现有对鸟、对兽、熊头等花纹，具有波斯萨珊王朝的风格。据史学家推断，这些产品可能是专为外销而生产的。

中国新疆地区是最早与外国接触和贸易往来的区域，中国内地的华美丝绸，由络绎不绝的商队驮向西域，古楼兰、尼雅遗址中出土的精美纺织品，反映了丝绸之路贸易繁盛。新疆丝路的各条道路，汉、唐、宋等朝代都曾以南道为主，北道也是交通干线。南道所经过的丝路重镇于阗、鄯善，都曾是丝绸以及其他贸易的中转站。这些地区不仅有内地往来的丝绸商人，而且也有印度和波斯商人。

处于贸易中转站地位的于阗等地，因丝绸贸易获得了很大的发展和丰厚的经济利益。西汉时于阗东西两城一共只有一万九千余人，到东汉时已经称雄南道，人口也发展到了八万三千多。古于阗国一度寺庙林立，佛像多用金饰。20世纪30年代，盘踞在新疆的军阀盛世才曾经成立过"金矿局"，实则专门盗取古遗址中的黄金，可见遗址中黄金数量可观。至今，仍能在一些古城寺庙遗址中找到黄金碎片或金器，可见因为贸易于阗得到许多金银。与于阗相同的其他丝绸之路上的各城镇，都曾因国内外贸易而发展起来。

甘肃河西走廊一带，是中外贸易的中转站和贸易中心之一。中国的商品要经过河西、新疆才能远销大夏、安息、大秦甚至地中海沿岸地区，外国商人也要经过这里才能将货物运抵长安。河西中外贸易曾兴盛不衰。魏晋南北朝时期，中原战乱不已，独河西较为安定，外商纷纷改在河西贸易。大宛、大夏、大秦等国商人曾因与中国通商留居河西。隋炀帝时加强了中西交通与贸易，大业五年（公元609年）6月，隋炀帝亲自到张掖会见二十七国使者和商人，中外交往贸易达到一个新的高潮。

当年外国商人到河西，常常主要在凉州（武威）贸易。古凉州曾吸引着远近客商来此做生意，西域商人云集武威，他们不可避免地要携带大量钱币。在南北朝时期，西域的金银货币，在武威等城市是通用的。

唐初西北交通虽然不十分畅通，但玄奘经过武威时，看到的还是一个商业繁盛的都会。《大慈恩寺三藏法师传》卷一中说："凉州为河西都会，襟带西蕃、葱左诸国，商侣往来无有停绝。"唐开元、天宝年间，武威因"丝路"畅通而贸易益盛。唐代诗人元稹曾在《西凉伎》中这样描绘武威的繁荣："吾闻昔日西凉州，人烟扑地桑拓稠。葡萄酒熟恣行乐，红艳青旗朱粉楼。"

古时酒泉是民族贸易兴旺的城市，因为这里既是国际贸易的过

境点，又是通往吐蕃等少数民族地区的交通要口。这里的交易时间，仍然保持着以太阳为标准的古老习俗，"黎明交易，日暮咸休，市之鬻贩，不拘时日，市法平价，众庶群集"。古酒泉和张掖的药材大黄是很有名的，是重要的地方外销商品。《马可·波罗行纪》肃州一章载："诸州之山中，并产大黄甚富，商人来此购买，贩售世界。"古酒泉的市场十分繁荣，据《沙哈鲁遣使中国记》记叙说："肃州城市极大，城墙为四方形，有坚固炮台，市场无幕盖，宽五十爱尔。扫除清洁，时时洒水，尘垢不起。人民畜猪屋内……店内羊肉与猪肉并行而挂列。各街均有华丽之建筑物。"

现在的青海省西宁，也是古代一个重要的国际贸易点。从西宁向西经古伏俟城到罗布泊，也就是与著名的新疆南路相接，由南道翻过葱岭西入印度，这一条路曾盛极一时。1956 年在西宁旧城城隍庙街工地挖地基时，发现了七十六枚波斯萨珊王朝的银币。此外在西宁北山寺也发现过波斯银币。这些都表明当时贸易和交通的畅通。

丝绸之路贸易在东西方文明交流中，一直起着"文化运河"的伟大作用。通过它，东西方实现了物质文明的交流，代表东方文明的丝绸、瓷器、茶叶、纸张、铁器、金银器皿、钱币、雕版印刷、火药、农作物等及其生产技术工艺输入西方，极大地推动了中西亚、南亚和欧洲的社会文明。西方的物质文明输入中国，也丰富了中国的社会经济，如草原民族的羊马牲畜、毛织品，西亚的珊瑚、翡翠、珠宝、琉璃器、各种香药，西域地区的苜蓿、胡荽、葡萄、石榴、胡椒等多种农作物，中亚的酿酒术、印度的制糖法、建筑技术等。

交流带来改变

自魏晋至唐代，中外人民通过丝绸之路的友好交往日渐频繁，中外科学文化通过丝绸之路的交流也进入了繁盛时期。

当时往来于丝绸之路的主要有三种人，第一种是僧侣，第二种是国使，第三种是商人。同时，还有众多的乐师、画师、艺人、医者，以及来中国旅居和定居的西域人。唐代安史之乱以前，国力强盛，经济比较繁荣。作为丝绸之路上的重要大都市，长安城成为了东方巨大的国际交通枢纽。唐代所设的国子监，有外国留学生八千多人，

每年往来的外国使臣遍及亚、非、欧三大洲的"三百余国"（后来演变为七十余个国家和地区）。各国人民的大量往来和共同生活，形成了多方面的国际交流。这一时期，最有价值的交流是蚕、桑、造纸术的西传和熬糖、种棉等技术传入中国。

中国养蚕缫丝技术大约在 4 世纪传入中亚、西亚，6 世纪传到东罗马。我们在前面"丝绸的外传"中已有详细的叙述。

造纸术是同丝绸制作技术一样，也是中国古代的伟大发明。《后汉书》中说纸为东汉时蔡伦所造，但从 20 世纪 30 年代开始，考古学者先后几次从古遗址中发掘出西汉纸。由此得知，中国发明纸的时间应是在西汉武帝年代，东汉蔡伦在原有技术的基础上作出了里程碑式的重大改进。造纸术的外传，现有文字的记载始于唐代。玄宗天宝年间，唐朝名将高仙芝率军攻打怛罗斯时兵败，大食国把俘获来的中国士兵送到康国去造纸。此后，中国造纸术又传到了伊斯兰各国，再流传到欧洲。埃及著名的草纸和羊皮纸慢慢被中国造纸法所生产的纸取代了。中国的造纸术大约于 1140 年传入欧洲，欧洲人对这种造纸术非常感兴趣。

直到现在，在造纸业发达的法国，中部城市安贝尔市郊仍然保留着一座古老的中国式造纸作坊。流经此处的溪流推动着木轮，木轮带动着木槌，生产纸张。作坊旁边还建有蔡伦馆，以纪念中国人对造纸技术作出的伟大贡献。

熬糖是这一时期中国从孟加拉国学到的重要的技术。古代恒河下游有一个小邦国，叫做摩偈陀国，也就是孟加拉国先民居住的地方。唐贞观二十一年（公元 647 年），该国第一次遣使通唐，使中国对熬糖有了初步了解。据南宋陆游所著的《老学庵笔记》中说："唐太宗时外国贡至，问其使人此何物，云以甘蔗汁煎。"太宗听了十分感兴趣。在中国也有种植甘蔗，但此时还没有成熟的熬糖技术。于是，太宗派使者求取熬糖的方法，经过试制，发现制出来的糖颜色和味道都远远超过了西域糖。据明代李时珍的记述，这种摩偈陀制糖法为：以蔗汁过樟木槽，取而煎成，清者为蔗糖，凝结有沙者为沙糖，漆瓮造成，如石、如霜、如冰者，为石蜜、为糖霜、为冰糖也。"

棉花原产印度、非洲，公元 1 至 2 世纪，在中国云南的澜沧江流域开始种植，而且彩色的棉花很早就出现了（古人称彩棉为吉贝）。在《后汉书》中就有棉花的相关记载。最晚到三国时期，我国珠江和闽江流域的部分地区已经种植棉花了。这些地方都临近海陆交通要道，国外的棉花由此传入并不奇怪。

我国较早种植棉花的地区还有新疆。1959 年，在新疆维吾尔自治区西南部，昆仑山北麓的民丰县北大沙漠东汉合葬墓中，出土了两块覆盖木碗用的蓝白印花布，还有墓中男子所穿的白布袜和女子的手帕，都是棉织物。这表明，最晚在东汉时，新疆已经植棉并用于纺织了。同年在新疆巴楚县晚唐地层中发现了棉花的种子，经过中国农业科学院专家的鉴定，认定为草棉，又叫做非洲棉。这种棉花曾在印度河流域种植，逐步传入新疆。唐代平高昌（今新疆吐鲁

番），取棉种植内地，随后才逐渐推广到其他地区。中国古代大多数人传统的衣着是冬天穿皮类（如羊皮、狐裘等），夏天穿丝绸或麻布。自从棉花从南部及新疆传入内地后，大约经历了六百余年，种植逐渐普及。到了元代，中国人"冬裘夏葛"的穿着有了很大变化，这也是经济发展史上非常重要的一页。

这一时期传入中国的另一个重要植物品种是菠菜。它是贞观

二十一年（公元647年）尼波罗国（今尼泊尔）送给中国的礼物。据《本草纲目》记载："太宗时，尼波罗国献菠薐菜……实如疾药，火熟之，能益食味……方士隐名为波斯草。"唐代诗人刘禹锡在《嘉话录》中说："菠薐种出自西国，有僧将其子来云：'本是颇陵国之种，语讹为菠薐耳'。"看来，"菠菜"真正的故土很有可能是波斯，当时的尼泊尔也许只是引种国之一。

中国医学经过长期的实践，早已积累了丰富的经验，自成体系，成为举世闻名的"东医"。汉到隋唐，可谓人才辈出，出现了许多杰出的名医和医学巨著。如东汉末年的神医华佗和张仲景，华佗医术全面，精通内、妇、儿、针灸各科，尤其擅长外科，精于手术，被后人称为"外科圣手""外科鼻祖"。张仲景积数十年经验写成了《伤寒杂病论》，被后世称为"医圣"和"医方学之祖"。隋末唐初，中国又出现了两位大医学家，一位是世称"药王"的孙思邈，另一位是撰写了《外台秘要》的王焘。唐代的药物学也有极大的发展，古人称药物为本草，唐代时朝廷曾令苏敬等人根据《神农本草》

编成《唐新修本草》，增加了一百一十四个新药物。

当时总的情况是，中国的"东医"虽然与大秦、天竺、大食、波斯等国的医学并行于世，但显然处于领先地位。中外医学在发展过程中相互吸收，苏敬等人编写的《唐新修本草》中就选用了安息香、龙脑、胡椒、郁金、茴香、丁香等外来药物。中国与印度的传统药典，曾经互有借鉴。精通佛典的孙思邈有机会从佛典中接触印度医学，在他的医学著作中，曾引用过印度医学家的理论和印度药物。而我国的中医在唐代曾传播到朝鲜、日本等国，这些国家的人民有很多的补充和发展。当时，还有许多日本医师随遣唐使来到中国学习。

日本名医菅原梶成于838年入唐留学，回到日本后被任命为皇家医官，对发展日本医学作出了很大贡献。当时大秦和天竺的眼科比较先进，印度的眼科医术在唐代传入中国，印度医僧还为著名诗人刘禹锡治过眼病，刘禹锡曾为此写过《赠眼科医婆罗门僧》，诗中说："三秋伤望眼，终日哭途穷，两目今先暗，中年似老翁。看朱渐成碧，羞日不禁风，师有金篦术，如何为发蒙。"去日本的名僧鉴真大师，也曾请外国医生治过眼病。

东汉末年，佛教经典传入中国，翻译经典遂成为表达佛法思想的首要工作。由于中国与印度在文化、风俗等之间的差异性颇大，想要找到适当的对译词实非易事，译经师们本着对佛法义理的掌握及自己在文学上的素养，在字字句句中仔细推敲下，更冀望以最贴切的文字词汇来阐扬佛法真正的意蕴。因此，在翻译佛典的阶段中，丰富了中国文化的词汇，甚至影响到中国文学、艺术、音乐的创作与发展。

佛教传入之前，中国诗歌经历了从"诗乐合一"到"徒歌而不合乐"的阶段，但不论是以乐入诗，还是采诗入乐，都是按着音乐上的宫、商五音而歌，而诗本身还没有严格的声韵规则可以遵循。与古体诗（又名古风，是形式比较自由，押韵相对宽泛，不受格律束缚的诗体，如常见的"歌""行""吟"等形式）相比，近体诗（又称为今体诗或格律诗，指于唐代形成的讲究平仄、对仗和押韵的格律诗体，主要形式为律诗和绝句）则对诗句字数、对偶、押韵、平仄有严格的限制。这种转变受到了佛教文学影响。佛教传译经典过程中，一批学者发现佛经唱颂已极好地反应出声学的韵律，它既讲求韵律之美，又把握节奏和谐，与中国诗歌有某种契合点。因此在佛经转读启示下，又结合古代音韵学的研究成果，发现了汉字的平、上、去、入四声。从此以后，中国古典诗歌有意识地、自觉地走上了格律化的道路。

佛教的传入引起了兴建佛寺的风潮，许多宏伟壮丽的佛寺，融合了中国和印度以及其他民族建筑中的许多技术，丰富了中国传统的建筑艺术。据学者研究，中国古建筑中富丽堂皇的彩画，和佛教传入有极大的关系。西北的藏式寺庙，是受印度建筑的影响，中国各式各样的古塔源于印度，中文解释作浮屠、浮图。相传释迦牟尼涅槃后，尸体火化后变成各色晶莹的珠子（舍利子），葬在一种圆形坟墓中，成为佛教徒尊崇的对象。随着佛教传入中国，就开始

了中国化的过程。而"佛塔"是古代中国人给予这种印度传来的建筑的一种很形象化的名称。

中国新疆地区，在隋唐以前就以龟兹乐、疏勒乐、于阗乐等多种优美动听的音乐而闻名。这些音乐是古代新疆地区人民的伟大创造，同时也是地处丝绸之路沿线地区的人民吸收中原音乐和外来音乐的精华而结成的文化硕果。隋代皇家乐队演奏的九部著名的乐曲中，有六部是西域音乐。唐代立十部乐，七部为西域音乐。

在西域诸乐中，名声大、影响深的则首推龟兹乐。龟兹乐通过贸易、迁居、宗教活动以及联姻等途径传入内地，这种优美的音乐一经传入，就受到各族人民的喜爱和欢迎。到隋唐时，龟兹乐盛行于全国，流行的乐曲有数百首之多，在当时的洛阳等地尤为盛行。

唐代诗人王建的《凉州行》中写道:"城头山鸡鸣角角,洛阳家家学胡乐。"元稹的《法曲》中说:"女为胡妇学胡妆,伎进胡音务胡乐。"龟兹乐等还流传到了朝鲜、缅甸、日本、印度等国。

在丝绸之路沿途的重要城市,有许多成为西域诸乐交汇之所和音乐之邦,河西四镇中的武威就是其一。武威古称凉州,据记载,北魏太武帝拓跋焘把西凉乐搬到都城平城(今山西大同一带)。随着北魏孝文帝于公元493年迁都洛阳,西凉乐也盛行于平城和洛阳。西凉乐曾被定为后凉、北魏、北周的国乐,流行于全国,绵延达五百多年。从西凉乐的乐器来看,足以说明它是文化交流结出的硕果,西凉乐乐器约为十九种,其中四弦曲颈琵琶、竖箜篌、筝、五弦等都出自西域地区。敦煌莫高窟壁画中的"反弹琵琶"所用的四弦曲颈琵琶就是西凉乐的代表乐器。

从西域传来了音乐,也传来了舞蹈。唐代舞蹈中的柘枝、胡腾两舞来自石国。这种舞相当普及,不仅在贵族士大夫中间广为流传,而且深入宫廷,连杨贵妃、安禄山等人也会跳。

唐代吸收外国的雕塑、绘画和地理学等方面的许多新知识,因而雕塑、绘画技术达到了空前的水平。敦煌莫高窟的唐窟中,许多令人惊叹的雕塑和壁画就是这一极盛时期的许多作品之一。

与外国的频繁交往也推动了地理学的发展。唐使到外国时,开始写游记并绘制地图。贞观十七年(公元643年)及龙朔元年(公元661年),唐代黄水县县令王玄策出使西域百余国,归因时作《中天竺国行记》。唐代著名地理学家贾耽曾任外交官及宰相,因有机会熟悉外国地理,绘有九十九平方米大的地图——《海内华夷图》,所载百余国。贾耽还撰写过《古今郡国县道四夷述》四十卷,该书和地图是古代外域地理方面的巨著。贾耽的《海内华夷图》已流失,但其缩本的《华夷图》及《禹迹图》于南宋绍兴七年(公元1157年)刻石,现存于西安碑林,成为中国现存较古老的地图之一。

除此以外，金银珠宝、香料药材、骏马异兽、美酒佳肴等，大量唐朝本土以外的奇珍异宝，沿着丝绸之路源源不断地来到长安。由于皇家贵族热衷于享用外来事物带来的新奇刺激，掀起了一浪又一浪的时尚潮流，这种潮流又很快影响到上流社会的各个方面，西域文化与中原文化的交融之下，充满异国情调的音乐、歌舞、服装、饮食兴盛起来。

唐代时"胡"已成为北方、西域各民族建立的城邦、国家的泛指。在唐代文献中，"胡"出现的频率很高，既有西胡、北胡这样宽泛的称谓，又有波斯胡、粟特胡、月氏胡等具体的称谓。与胡相关的词汇更是不胜枚举：胡人、胡商、胡姬、胡马、胡食、胡服、胡舞、胡乐、胡器等等。

鲁迅先生曾经讲过一句名言："唐人大有胡气"，可见文化汇合之深，而魏晋至唐代这种交融出现繁盛的顶峰与丝绸之路的畅通是密不可分的。

石窟艺术道不尽

丝绸之路的开辟，为宗教传入中国创造了必要的条件。宗教文化（佛教、祆教、伊斯兰教等）输入中国，得到充分发展，尤其是佛教文化广泛被人们所接受，对中国历史上的社会结构及思想哲学

都产生了深远的影响。

通过丝绸之路传播的佛教文化，为石窟在西域、中原的出现、发展、成熟提供了最初的契机。中国佛教石窟艺术源远流长，丰富多彩，以西安以西的丝绸之路沿线最为密集。印度佛教通过丝绸之路最先传入了古代西域（今新疆地区），西域是佛教传入中国的主要通衢，随之在此形成了中国最早的石窟群。

岩壁凿窟在中国古已有之，但石窟寺（既有寺又有石窟，石窟中有壁画又有塑像）却是佛教的产物。它是一种出于印度、希腊的纪念性建筑。东汉时，大月氏的贵霜王振兴了月氏国，他的孙子迦腻色王攻取天竺，建立了犍陀罗国。笃信佛教的他将印度庙宇和佛塔等建筑传入大月氏，并聘请许多希腊艺术家和移民为他们作壁画和造像，形成了高度发展的佛教文化，即犍陀罗文化。后来此派艺术传入了中国，使中国画家的笔法和雕刻风格为之一新，许多石窟寺的壁画和塑像也都受到了犍陀罗文化的影响。

许多石窟建造中，不仅保留了大量中亚佛教的本来面貌，还与西域文化相结合，创造了西域面貌的石窟文化艺术。在我国甘肃、新疆地区，沿丝绸之路散布着许多大大小小的石窟和石窟寺，有学者把它们比喻为"像一个藤蔓上的串串葡萄"。这些石窟多分布在祁连山崇山峻岭之中或天山南麓，泾水、渭水河谷，还有的位于各个交通要隘上。现存的石窟是千余年来经过自然与人为破坏的幸存部分，值得倍加珍惜。广为人知的有位于甘肃的敦煌莫高窟、天水麦积山石窟、永靖炳灵寺石窟、安西榆林窟、泾川南石窟寺、甘谷大象山石窟，位于新疆的柏孜克里克石窟、克孜尔石窟等等，以及相当一批分散在各地的较小的石窟，它们都是中国古代文化艺术的历史瑰宝。

敦煌莫高窟与大同云冈石窟、洛阳龙门石窟、天水麦积山石窟被誉为中国的"四大石窟"。莫高窟艺术是融建筑、彩塑、壁画为一体的综合艺术。

敦煌是汉、唐国际交通要邑和佛教传入中国内地的一个前哨。十六国时期，全国处于战乱和动荡之中，只有敦煌与江南的会稽是

全国最平静的地区，中华民族的传统文化得以保存下来，并与外来文化交流中得到很大发展。位于敦煌东南二十五千米的莫高窟就是在这个历史背景下出现的。莫高窟开凿于前秦建元二年即公元366年。一位法号叫乐尊的和尚路过此地，见鸣沙山上金光万道，状若千佛，顿时萌生了开凿佛洞之心。他在鸣沙山东麓开凿了第一个洞窟。之后历经后世千年不断的凿窟、造像、绘壁，开成了长

一千六百多米，重重叠叠，规模宏伟的石窟群。

　　莫高窟现存石窟四百九十二个、壁画四万五千多平方米和彩塑两千四百多身，是世界艺术史上的伟大作品。莫高窟壁画和塑像受中西文化交流的影响非常明显，早期北魏石窟中的作品如裸体菩萨等，就带有希腊、印度的犍陀罗风格。身缠联珠衣服的隋代菩萨和胡装的唐天子，显现了外来文化的影响。石窟中，还有直接描绘丝绸之路上商队的壁画。莫高窟壁画的类别分尊像画、经变画、故事画、佛教史迹画、建筑画、山水画、供养画、动物画、装饰画等不

同内容，系统反映了十六国、北魏、西魏、北周、隋、唐、五代、宋、西夏、元等十多个朝代及东西方文化交流的各个方面，成为人类稀有的文化宝藏。

在敦煌壁画中，名扬四海的当属"飞天"的形象。佛教中把化生到净土天界的神称为"天"，如"大梵天""功德天""善才天""三十三天"等，把空中飞行的天神称为飞天，飞天多画在佛教石窟壁画中。

追溯其渊源，是由于道教中把羽化升天的神话人物称为"仙"，如"天仙""赤脚大仙"等，把能在空中飞行的天神称为飞仙。飞仙多画在墓室壁画中，象征着墓室主人的灵魂能羽化升天。佛教传入中国后，与中国的道教交流融合。在佛教初传不久的魏晋南北朝时，曾经把壁画中的飞天亦称为飞仙，于是飞天、飞仙不分。后来随着佛教在中国的深入发展，佛教的飞天、道教的飞仙虽然在艺术形象上互相融合，但在名称上，只把佛教石窟壁画中的空中飞神称为飞天。敦煌飞天就是画在敦煌石窟中的飞神，后来成为敦煌壁画艺术的一个专用名词。

敦煌壁画中的飞天姿态万千，有的衣裙飘曳，巾带飞舞，横空而飞，四周天花飞落，飞势动态有力，姿势自如优美；有的头束双髻，上体裸露，腰系长裙，肩披彩带，身材修长，成大开口

横弓字形，逆风飞翔，分别演奏腰鼓、拍板、长笛、横箫、芦笙、琵琶、阮弦、箜篌等乐器，四周天花旋转，云气飘动，衬托着飞天迎风而飞翔，身轻如燕，互相照应，自由欢乐，漫游太空；有的身材修长，昂首挺胸，双腿上扬，双手散花，衣裙巾带随风舒展，由上而下，徐徐飘落，像两只空中飞游的燕子，表现出了潇洒轻盈的飞行之美……一幅幅栩栩如生，唐代人形容壁画有"天衣飞扬，满壁风动"的神韵是非常贴切的。

莫高窟除了这大漠黄土之中的石窟和壁画外，还是一个极其丰富的艺术宝库。比如在藏经洞中发现的五万多件文献和艺术品，即"敦煌遗书"。这些手写真迹，多半是孤本与绝本，拿出其中任何一件都是罕见的珍品。

在莫高窟的兴建过程中，古代敦煌地区又连续兴建了敦煌西千佛洞、瓜州榆林窟、东千佛洞、肃北五个庙等石窟，它们与莫高窟地缘相近、内容相同、风格一致，后来被统称为敦煌石窟。其中，莫高窟已成了敦煌石窟的标志。敦煌堪称举世无双的艺术、文化、历史、宗教的圣地，而莫高窟是我国也是世界现存规模最宏大、保存最完整的佛教艺术宝库。1991年，它被联合国教科文组织列入"世界文化遗产"名录。敦煌艺术震撼了整个世界，"敦煌学"已成为世界性的显学。

榆林窟位于甘肃安西县西南五十千米，莫高窟东南的祁连山谷中，洞窟开凿在榆林河的两岸。东崖三十一窟，西窟十一窟。它开创于隋唐以前，唐代曾有大规模的修建。现有完整的洞窟十一个，壁画上千平方米，彩塑一千多身。壁画堪称榆林窟的艺术精华，无论从画面结构、表现技法、线描功力、敷彩着色、人物造型等都是高超绝伦的，充分体现了绚烂富丽的时代特征和精湛的艺术风格。

麦积山石窟位于丝绸之路陇西段南端，甘肃天水市北道区东南约三十千米处，在群山环抱中崛起的一座浑圆的红色独峰中，因形如农家麦垛而得名，是我国四大石窟之一。始建于十六国后秦时期，后经北魏、西魏、北周、隋、唐、宋、元、明、清历代不断开凿或重修。现存洞窟一百九十四个，泥塑、石刻七千余尊，壁画一千多平方米。它素以精美的泥塑艺术著称于世，不论是北朝的"秀骨清像"或是后期"丰满圆润"的艺术造型，都表现得栩栩如生，富有生活气息。从其仅存的壁画中，可以看出古代中原画风的痕迹。在石窟类型上有崖阁、山楼、走廊等多种形式，它是集建筑、雕塑、壁画于一身的庞大圆锥体的立体建筑。

天梯山石窟也称大佛寺，位于甘肃省武威市城南五十千米处的中路乡灯山村，它创建于东晋十六国时期的北凉，距今约有一千六百年的历史。后经历代开凿，规模宏大，建筑雄伟。天梯山石窟是我国早期的石窟之一，有学者称之为"中国石窟鼻祖"。它是我国早起石窟艺术的代表，是云冈石窟、龙门石窟的源头，在我国佛教史上占有重要的地位。

天梯山山峰巍峨，陡峭峻拔，高入云霄，山有石阶，拾级而上，道路崎岖，形如悬梯，故称天梯山。山巅常年积雪，俗称"天梯积雪"，为凉州八景之一。现在，天梯山石窟仅存三层，大小洞窟十七处。其中一大型洞窟高三十米，宽十九米，深六米。窟内有释迦牟尼大像一尊，高约二十八米，宽十米，面水而立，右臂前伸，指向前方，依山巍然端坐，脚下碧波荡漾，薄云缠绕其身，构成了一幅山、水、佛、云浑然一体的壮观奇景，是凉州颇负盛名的旅游胜地。释迦两旁还有文殊、普贤菩萨，广目、多闻天王，迦叶、阿难六尊造像，造型生动，神态威严。窟内南北两壁绘有大幅壁画。南壁上部为云纹青龙；中部为大象梅花鹿，大象背部驮有烟焰发光的经卷，下部是猛虎和树木花卉。北壁上部绘有青龙双虎，中部绘有白马、墨虎、菩提树，马背上经卷闪光；下部绘有牡丹花卉。整个壁画笔触清新，色泽艳丽，形象逼真。

大象山石窟，位于甘谷西南五里的文旗山上，与麦积山等同为渭水流域的石窟之一。现存窟龛十七个，以中部山崖窟中唐图释迦牟尼大佛为最著名。该佛高约二十三米，造型庄重雄伟，为丝绸之路陇南沿线最大的唐代塑像。

柏孜克里克石窟位于新疆维吾尔自治区吐鲁番市区东北约

四十千米的火焰山峡谷木头沟河西岸。或就崖开凿，或倚崖垒砌，整齐栉比，雄伟壮观。"柏孜克里克"在维吾尔语中有"山腰"之意。窟群散布在河谷西岸约一千米范围内的断崖上，分三层修建，现存洞窟八十三个，其中有壁画的四十多个，保存壁画总面积一千二百平方米。

柏孜克里克石窟在建筑形制上较为复杂，其中以长方形"纵券顶窟"最多。石窟的壁画艺术更是丰富多彩，在技法上发掘了新疆传统的凹凸晕染技艺，在内容上虽着力描绘雍容端庄的佛和菩萨与雄壮刚毅的金刚、天王等形象，宣扬的是宗教思想，但是我们却能从中看到古代回鹘国王、王后及各阶层人们的形态和维吾尔族人民的部分物质、文化生活。每当夕阳西下的时候，石窟及周围群山，漠野火红一片。大地、苍穹融成一体，构成了一幅神秘的佛国画卷。

克孜尔石窟又称克孜尔千佛洞，位于新疆拜城县克孜尔镇东南七千米明屋塔格山的悬崖上，南面是木扎特河河谷。它是我国开凿最早、地理位置最西的大型石窟群。大约开凿于公元3世纪，比莫高窟还要早，在8—9世纪逐渐停建，延续时间之长在世界各国也是绝无仅有的。莫高窟以多姿多彩的佛教壁画闻名于世，而克孜尔石窟更是一条壁画长廊，其内容之丰富，数量之庞大，延续时间之长，在我国现存诸石窟中都居于首位。

总而言之，丝绸之路沿线的石窟寺，星罗棋布，不仅数量众多，而且规模宏大。从创建时代看，早在东汉末年，丝绸之路沿线就有石窟开凿。此后，历经十六国北朝如火如荼地开窟造像，乃至隋、唐、五代久盛不衰，直到宋、西夏、金、元、明各朝，连绵续建。丝绸之路沿线开窟造像时间之早、经历朝代之多、绵延时间之长、分布地域之广，世所罕见。佛教石窟寺是丝绸之路得天独厚的历史文化遗产，绚丽多姿、流光溢彩的佛教石窟造像惟妙惟肖地展现了内涵丰富的丝绸之路文化。

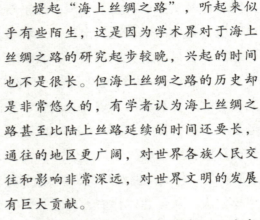

海上丝绸路

提起"海上丝绸之路",听起来似乎有些陌生,这是因为学术界对于海上丝绸之路的研究起步较晚,兴起的时间也不是很长。但海上丝绸之路的历史却是非常悠久的,有学者认为海上丝绸之路甚至比陆上丝路延续的时间还要长,通往的地区更广阔,对世界各族人民交往和影响非常深远,对世界文明的发展有巨大贡献。

中国东南沿海山多平原少,且内部往来不易,因此自古许多人便积极向海上发展。同时,因为陆路受地形影响,前往西域会经过许多自然条件艰苦的地区,加上中国东岸夏、冬两季有季风助航,因此也增加了由海路通往欧陆的方便性。

我们的祖先为了通过海洋,走向世界,与狂风恶浪搏斗,开拓出一条条海上商路。与陆上丝绸之路一样,海上丝绸之路也反映了中国不愧为历史悠久、文化灿烂的文明古国,中华民族不愧是勤劳勇敢的伟大民族。

海上贸易的兴起

历史学家认为，我国原始航海活动可以上溯到新石器时期，但海上丝绸之路的开拓则始于秦汉，发展于三国隋朝时期，繁荣于唐宋时期，转变于明清时期，是已知的最为古老的海上航线。海上通道在隋唐时运送的主要大宗货物是丝绸，所以大家都把这条连接东西方的海道叫作"海上丝绸之路"。到了宋元时期，瓷器的出口渐渐成为主要货物，人们也把它叫作"海上陶瓷之路"。同时，还由于输入的商品历来主要是香料，因此也把它称作"海上香料之路"。

海上丝绸之路主要分为东海丝绸之路和南海丝绸之路。秦始皇为寻求长生不老之药，遣徐福东渡，开辟了东海航线。西汉武帝时，中国的海船已能远航到印度洋，与南亚、东南亚各国以中国的丝绸交换各国的特产，又开拓了南海丝绸之路。自古以来，历代海上丝绸之路有多条航线。总结起来，可分三大航线：第一，东洋航线由中国沿海港至朝鲜、日本。第二，南洋航线由中国沿海港至东南亚诸国。第三，西洋航线由中国沿海港至南亚、阿拉伯和东非沿海诸国。

早在东汉桓帝延熹九年（公元166年），大秦（罗马帝国）国王安敦曾派遣使节从海路航行到当时中国的日南郡（今越南东南地区），他们主要是来中国探索进行丝绸直接贸易的渠道，因为当时罗马人从安息商人那里购买中国丝绸，其价格要高出十多倍。《后汉书·西域传》中记载道："大秦安敦遣使自日南徼外（塞外、边外），献象牙、犀角、玳瑁，始乃一通焉。"大秦与东汉通使乃是当时东西方两个最大国家之间的第一次通使往来，直接进行友好交往。

唐代中期是海上丝绸之路与陆上丝绸之路盛衰交替的时期。唐代前期，陆上丝绸之路出现了鼎盛时期。这是除了两汉以来对陆路交通不断发展的积淀以外，也与丝绸之路东西两端形势的发展有密切关系：此时东方的中国出现了统一、繁荣、空前强大的"唐朝盛世"，而西方出现了东罗马帝国，尤其是在大食灭波斯后的阿拉伯帝国，在倭马亚王朝时期，是地跨亚、欧、非的强大帝国。他们都十分注重对外交通的开拓，尤其想极力加强与东方强大的中国的联系。由此，这条联系当时世界上东西方两个最大的政治、经济、文化中心的陆上丝绸之路，迅速发展到了"黄金时代"。虽然这时的海上丝绸之路也有很大发展，但陆上交通仍占主导。这种兴盛到唐中期突然出现了衰落的迹象。

这是由多个原因造成的。唐代中期以后国力减弱，"安史之乱"的暴发，使朝廷不得不将驻守在西疆的边防守军调往长安，一时西北空虚，吐蕃乘机北上，侵占了河西地区。随后，回鹘也南下控制了阿尔泰山一带，使唐王朝失去了对西域的控制，陆上丝绸之路也因此"道路梗绝，往来不通"。作品有"诗史"之称的杜甫曾感叹："乘槎消息断，何处觅张骞？"以及："崆峒西极过昆仑，驼马由来拥国门。数年逆气路中断，蕃人闻道渐星奔。"可见，此时的陆上丝绸之路已没有了盛唐气象。

除了唐王朝国力减弱的原因外，陆上丝绸之路还有几个自身难以克服的因素。首先，陆上丝路只能通达相连的邻国，穿过一连串的国家和民族才能把货物运向远方，如果其中一个国家和民族发生战乱，或有任何一个国家为垄断而操纵了这条路，就会影响到全线的畅通。其次，陆上丝路位于我国西北，地处内陆，只能向西运输商品，而我国传统的外销商品，如丝绸、瓷器、茶叶等的产区大部分都在东南地区，这样就使得运输成品较高。再次，随着气候的不断变化，唐中期以后陆上丝绸之路的自然条件变得恶劣，要越过葱岭和戈壁沙漠，风沙弥漫，行程艰苦，而且靠骆驼运输，数量有限，时间也久。最后，随着商品生产和商业活动的发展，商品外运与日俱增，尤其是瓷器这种较重而且易损坏的商品，陆上运输是难以承担的。因此，仅凭陆上交通已不能满足日渐繁荣的商品经济和商品运输发展的需要，这也是海上丝绸之路兴盛的关键。

陆上丝绸的一些弱点，恰好成了海上丝绸之路的优点。我国东南沿海有漫长的海岸线，有许多终年不冻的优良港口和海港城市。海路不像陆路那样容易受人牵制，可以自由通航，越过那些发生变乱或操纵丝绸之路的国家。加上我国东南沿海是外销商品丝绸、陶瓷、茶的主要生产基地，又是造船、航海最发达的地区。商船的运载量也比骆驼之类的运输工具不知要大多少倍，而且运费相对低廉。唐代后期，造船技术有了长足的进步，外国水手们也掌握了季风规律，贸易有了固定的航线和港口，中国的扬州、广州、宁波发展为重要的沿海经济和商业中心，海上丝绸之路形成了。

从 9 世纪中期起，一批批阿拉伯商人乘船来到广州，从事丝绸贸易。最早的记载是苏莱曼的《中印游记故事》。他到广州的时间大约是公元 851 年，当时，中国丝绸的精美令他赞叹不已。当同行的阿拉伯商人与一位唐朝宫廷派来的官员交易时，这位商人透过官员的绸袍发现了他胸前的一颗痣。商人赞叹道："您的衣服太好了，我透过双层还能看到您胸前的痣。"官员听罢大笑，掀开衣服请他数，竟然有五层之多，令阿拉伯商人目瞪口呆。后人在看过西汉马王堆遗址出土的薄如蝉翼的素纱禅衣后，就明白这样的记述绝非夸张，而是唐代丝绸质量精美的真实反应。面对这些精美的丝绸，虽然价格很高，阿拉伯商人还是愿意大量购买，因为运回国之后，价格还要翻上几倍，几乎与黄金不相上下。

通过海上丝绸之路大量外销的，除了丝绸还有中国的陶瓷和茶叶。宋元时期，瓷器和茶叶成为中国最大宗的出口商品运销世界各地，在数量上甚至超过了丝绸，所以有的学者又把这条海路称为"陶瓷之路"。中国瓷器以质地坚硬、造型优美、色彩艳丽而深受西亚、北非等地区人民的喜爱。

海上丝绸之路是古代海道交通大动脉，它促进了中西贸易、文化的交流与发展。同时，海上丝绸之路的兴起带动了中国沿海经济的发展，一些主要的海港逐渐形成了繁华的城市。

泉州造船通异域

说起海上丝绸之路，不能不提那一个个享有盛名的海港：广东的广州、福建的泉州、浙江的宁波、江苏的扬州等等。这些海港促进了海上丝绸之路的兴盛，其中泉州港曾以"刺桐"一名为世界各国航海家、商人所熟知，它的兴起和发展在海上丝绸之路历史上占有重要的地位。

泉州又称温陵，在唐、五代时环城种植了许多刺桐树，所以得名"刺桐城"。泉州地处我国东南沿海，在长达四百多千米的海岸线上，形成了"四湾"（湄州湾、泉州湾、深沪湾、围头湾）、两江（晋江、洛阳江）、十八港点如众星拱月般组成了泉州港，是宋元时期中国海外交通贸易重要港口，海上丝绸之路起点之一。

早在公元6世纪的南朝，泉州就与南海诸国有交通往来。唐代泉州成为中国四大对外贸易港口之一。唐代后期诗人包何在《送泉州李使君之任》中写道："云山百越路，市井十州人。执玉采朝远，还珠人贡频。"可见当时泉州居民中有外国人，当地有外国朝贡者频繁进出，而这些朝贡者大多就是商人。

北宋诗人谢履在《泉南歌》中说："州南有海浩无穷，每岁造舟通异域。"可见贸易往来之兴盛。宋哲宗元祐二年（公元1087年），朝廷在泉州设市"市舶司"，即管理海外贸易的专门机构，重要的对外贸易港都设立市舶司，海船出海贸易必须经市舶司批准，回来要向市舶司纳税。市舶司的设立，标志着泉州进入我国最重要的对外贸易港的行列。设司以后，泉州港可以直接发船到海外贸易，也能接纳外来的商船，因而进出口贸易便得到迅速的发展。到南宋时，泉州与广州同为中国最大外贸口岸。

泉州古船的发现有力地证明了泉州港辉煌的历史。1974 年 7 月 15 日，一艘距今有七百多年历史的宋代古船在古刺桐港被发掘，当即轰动世界。它是当时中国发现的年代最早、形体最大的木质海船，出土时残长约二十四米，残宽约九米，复原后长三十四米，宽十一米。船身扁阔，船底尖削，船底板和船舷板分别用二至三层木板叠合制成，船内分十三个水密隔舱，可载重二百多吨，相当于唐代陆上丝绸之路一支七百多头骆驼队的驮运总量。这艘船代表了当时世界上最先进的造船技术水平，是宋元时期泉州作为中国海船制造中心的实物见证。从宋代古船的船舱中发掘有两千三百千克的香料、五百多枚唐宋古钱、五十多件宋瓷和其他珍贵文物。

到了元朝，泉州港更加繁荣。许多外国商人、水手随着海船来到泉州，这个港口成为各国人杂居的海港都市。泉州遍种刺桐树，

外来商人、水手便以"刺桐"名之，这个名字当时在海上丝路各处广泛流传。此时的泉州港进入鼎盛时期，被誉为"东方第一大港"，与世界近百个国家和地区商贸文化交往密切，影响力可与亚历山大港匹敌。国内外商贾从泉州运载丝绸、瓷器、茶叶等货物往他国销售，从他国运来香料、药材、珠宝到中国贸易，泉州港呈现出"涨海声中万国商"的繁华景象。意大利旅行家马可·波罗在其《马可·波罗游纪》中盛赞："刺桐港是世界最大的港口，胡椒出口量乃百倍于亚历山大港"；摩洛哥旅行家伊本·白图泰则发出了"刺桐（港）为世界第一大港，余见港中大船百艘，小船无数"的赞叹。

元朝末年的动乱，使泉州受到了很大破坏。明朝建立以后，为防备倭寇，推行禁海政策，更导致泉州海外交通的衰落。郑和第五次下西洋曾经在泉州停留，但此后泉州似乎就默默无闻了。16世纪以后，传统的海上丝路交往逐渐消失。清朝统治者长期推行的闭关锁国政策，使中国处于封闭之中。人们已忘记了我们祖先有过征服海洋的光辉历史和连接东西方的海上丝绸之路，"刺桐港"商船如织的景象也成了远去的辉煌。

历史上，泉州利用当地得天独厚的宜海条件，由众多码头构成的集群港，与世界上许多国家和地区进行频繁的海上贸易活动，成为海上丝绸之路著名的东方大港。现存的九日山等古迹，关锁塔、六胜塔等古航标塔，洛阳桥、安平桥等古桥，以及许多古码头，都是泉州古港重要的历史证物。

九日山位于泉州市区西郊，是宋代泉州市舶司官员和地方军政长官为出海举行祈风典礼的圣地。"山中无石不刻字"，九日山现存七十七方石刻中，有十方为祈风石刻，是研究宋代祈风制度的珍贵资料。

关锁塔俗称姑嫂塔，位于泉州市石狮永宁镇宝盖山上，南宋绍兴年间（公元1131—1162年）建，为"关锁水口镇塔也，登之可望商舶来往"。宝盖山海拔 209.6 米，塔身高 22.86 米，占地 388 平方米。塔为石构空心，平面作八角形楼阁式，外观五层，实为四层。登塔远眺，向北可观晋江入海处，向东则可以望见东海，向南望深沪港和永宁港一览无余，所谓突兀海表，关锁深沪湾和泉州湾之胜景。

六胜塔又名万寿宝塔，俗称石湖塔，位于泉州市石狮蚶江镇石湖村，北宋政和初（公元 1111 年）建。塔身高 36.06 米，占地 425 平方米，石构建筑，八面五层。六胜俯瞰石湖古渡，宋元时期为泉州港入海口处航标。

宋元时期，泉州海外交通空前繁荣，为适应货物转运、商民往来的需要，公元 11 至 13 世纪出现了修建石桥的高潮。据乾隆《泉州府志》记载，泉州历代造桥 260 座，其中宋代 105 座，仅宋绍兴年间造的就有十五座，素有"闽中桥梁甲天下"之誉。南宋绍兴二十一年（公元 1151 年），安海安平桥竣工，该桥长 5.4 华里，故又称"五里桥"，有"天下无桥长此桥"之誉。

洛阳桥位于泉州城北洛阳江入海口处，是宋代中国第一座梁式海港大石桥。宋皇裕五年（公元 1053 年）至宋嘉褚四年（公元 1059 年）由泉州太守蔡襄主持建造。桥为花岗岩砌筑，长 834 米，宽 7 米。该桥创造了"浮运架梁"等先进技术，是中国古代建桥史上的里程碑。

"南海一号"的猜想

1986 年 6 月，在荷兰阿姆斯特丹由嘉士德拍卖行举行的一次拍卖会上，出现了二十三万九千件之多的中国文物，多半是明清瓷器，不但数量大得令人震惊，并且这些文物出自一名叫迈克·哈彻的英国人之手。接到海外华侨的举报后，中国国家文物局极为重视，可是因为缺乏证据，难以申诉，只得眼见这批文物被拍卖。

随着这件事的发生，西方冒险家在南海海域盗捞沉船的事实也迅速浮出水面。事实上，20世纪80年代初，在南海海域捞船盗宝的并不止哈彻一个组织。这些商业打捞公司并不公布打捞沉船的地点，即便公布，地点往往也是在主权存有争议的区域，这就很容易造成中国文物流失，因此中国必须发展自己的水下考古事业。

中国水下考古事业的起步，哈彻这些西方盗宝人的刺激是一个重要因素，而另一个重要因素则是"南海一号"的发现。

1987年，英国海洋探测公司找到中国有关方面，要求合作打捞一条18世纪在中国南海海域沉没的东印度公司轮船。当年8月，中国救捞总公司决定由下属的广州救捞局具体承接这个业务。当时用声呐确定了几个可疑点，在用抓斗试抓时，几个地点什么也没抓

到，只有其中一个地点，一抓斗下去抓到了很多瓷器和中国古钱等文物，还有一些船板的碎片。显然，海下的这条沉船不是东印度公司的那条船。广州救捞局方面及时制止了英国公司继续打捞的企图。

中国工作人员对已打捞上来的文物进行了及时的保护，在清理出的二百多件文物中，不仅有宋元时期的精美瓷器、"政和通宝""绍兴通宝"古钱，还有一条具有异域风格的长约一百七十厘米、做工精细的镀金腰带。国家文物局根据捞上来的文物初步鉴定，这是一艘宋元时期的沉船，当时把它称为"南海宋元古船"。20世纪90年代，中国水下考古事业创始人之一的俞伟超先生将它初步命名为"南海一号"。

"南海宋元古船"是国内发现的第一艘沉船，但受条件限制，当时我国无力独立打捞，只有在保护的基础上，积极组织近海考古训练和演习。

直到2001年，重新探查"南海一号"的车轮启动了，一座宝藏真正展现在世人面前。2002年的春天，考古队对"南海一号"进行了四平方米的试发掘，仅仅这样小范围的试掘，就打捞出了陶瓷约四千件，此外还有漆器、石制品、铁器、铜器、银锭及大量铜钱，绝大多数瓷器完好无损，灿然崭新。又经过多次勘测，当时保守估计，船上载有的文物会有六万到八万件，而且有不少是价值连城的国宝级文物。

当试掘证明了"南海一号"的巨大价值后，对这条古老沉船的打捞便正式提上了日程。2005年5月，国家文物局召集专家论证会，二十一位专家中有十八位赞同整体打捞。整体打捞技术是中国首创，简单地说，就是将"南海一号"船体及周围泥沙按照原状，固定在一个钢制沉箱里，由大型浮吊将沉箱整体吊起，再通过全潜驳轮将其转移到岸边的临时专用码头，最后通过岸上的专门通道，使用气垫移动的方式将整个船体移进专门为"南海一号"建造的"海上丝绸之路博物馆"里。

2007年12月22日，"南海一号"古船在广东阳江海域整体打捞出水，在场的所有人都见证了这个振奋人心的历史性事件。经测量，这条古船为尖头船，长度为三十米以上，宽度十余米，船身（不包括桅杆）高八米，排水量约六百吨，载重可能近八百吨。2007年12月28日下午三点，"南海一号"正式进入海上丝绸之路博物馆水晶宫，由专家对它进一步进行研究。

同时，海上丝绸之路博物馆的陈列馆中陈放从古船里打捞出的金、铜、铁、瓷、玉类等文物四千五百多件，宋代铜钱六千多枚。这些文物以瓷器为主，是浙江龙泉、福建德化、闽清义窑、江西景德镇等南宋几大著名窑系的外销瓷器，造型独特，工艺精美，绝大多数文物完好无损，远非陆地出土的同类瓷器所能比。依其数量和价值计算，将比广东全省博物馆藏文物的总和还要多。

"南海一号"是在"海上丝绸之路"主航道上的珍贵文化遗产，它所载文物反映了我国宋代的社会生产、生活、文化艺术与先进科学技术，为"海上丝绸之路学"研究古代造船技术、航海技术及研究我国古代的"来样加工"等提供了极好素材，对研究"海上丝绸之路"的历史、造船史、陶瓷史、航海史、对外贸易史等都是有极为重要的科学价值，成为世界考古界和探险界关注的焦点。

"南海一号"的发现使海上丝绸之路的话题迅速热了起来。它已不仅仅是一条古船，而成为海上丝绸之路的一个标志，它为复原海上丝绸之路的历史、中国航海史、陶瓷史提供了极为难得的实物资料。

从"南海一号"这条南宋时期的古船沉没到重新出现在世人面前，岁月已流淌了八百多年。人们对这条古船充满了太多的好奇，有太多的谜团等待揭开。

谜团一："南海一号"到底是什么时候沉没的?

从古船中共发掘出一万多枚铜钱和不少银锭来看，其中最晚期的铜钱为南宋建立后的二十到三十年所铸，考古学家们推断，古船大约沉没于南宋初年宋高宗时期，但具体是什么年代，学界还有些争议。

谜团二："南海一号"因何沉没？

有考古专家推测，古船沉没的原因可能与遭遇海上风浪有关，因为船体没有发生大规模断裂，不可能是因为碰撞而沉入海底。同时，古船沉没的海域一直是台风等气象灾害频发的区域。根据目前考古发掘的情况看，古船上可能载有六万到八万件文物，其中有大量的铁器。那么，"南海一号"会不会是因为超载而下沉呢？专家们论证认为，如果遇到风浪，船沉没的状态应该是向一侧翻倾，如果是当时触礁沉没，古船很可能是船头或船尾先栽入海底。可让人不解的是，"南海一号"在海底淤泥中甲板几乎与海平面平行。

谜团三："南海一号"从何处来，又要到何处去？

明确起点问题，对弄清古代海上丝绸之路的始发港有哪些地方很有帮助。一些专家从发掘出来的文物和从船体造型分析，推断该船始发港口很有可能是福建的泉州。出水的文物中有福建德化窑和磁灶窑的瓷器，还有很多是浙江龙泉窑的产品，因此没有非常明确的定论。至于目的地，"南海一号"在海底的船头朝向为西南二百四十度，因此有人认为，古船可能是开往东南亚或中东、非洲一带，如果能明确这个问题，有助于研究宋代外交史、海外贸易史及航海史。

谜团四：船的主人是谁？

"南海一号"的船主是位中国人还是外国人呢？考古人员在"南海一号"上发掘出来的一批金手镯、金腰带、金戒指等黄金饰品，证明船主可能为一位富商。这些首饰都比较粗大，鎏金腰带长一米七，鎏金手镯口径大过饭碗，粗过手指，足有四两多重。有人据此猜想船主会不会是一名身材魁梧、体型壮硕的商人。

解开这些谜题也许还需要很长时间，这条神秘古船仍静静地等待着人们对它的探知。

郑和下西洋

2005 年 7 月 11 日，是中国伟大航海家郑和下西洋六百周年纪念日。2005 年 4 月经国务院批准，将每年的 7 月 11 日确立为中国"航海日"。

郑和，这个中国人的名字，像航标灯一样闪耀在茫茫夜海整整六百多年，这个名字辉映和引领了一个时代的航路。在他出发八十七年之后，意大利人哥伦布于 1492 年横渡大西洋，到达了美洲新大陆；九十二年之后葡萄牙人达·伽马于 1497 年绕过非洲南端的好望角，沿着郑和当年开辟的航线抵达印度西海岸；一百一十六年之后，葡萄牙人麦哲伦穿越大西洋与太平洋之间的后人以他的名字命名的"麦哲伦海峡"。郑和以率先将近一个世纪的脚步，引领了世界航海探险运动。

郑和本姓马，名三保，大约生于明洪武四年（公元 1371 年），云南昆阳州（今云南晋宁县）人。郑和是回族，家中世代信奉伊斯兰教，父亲与祖父都曾朝拜过伊斯兰教的圣地麦加，熟悉远方异域、海外各国的情况。从父亲与祖父的言谈中，年少的郑和已对外界充满了强烈的好奇心，而父亲为人刚直不阿、乐善好施、不图回报的秉性也在郑和的头脑中留下了抹不去的记忆。

这一年，朱元璋出兵平定云南，十岁左右的郑和被明军掳去，并被送到燕王朱棣的府里做了一名小宦官。

时光荏苒，郑和在朱棣的身边逐渐长大成人。据史料记载他"行如虎步，声音洪亮"，非常英武，而且郑和善于辩论，机警干练，谦虚谨密，不避劳苦。因屡立战功，深受朱棣的赏识，成为朱棣身边的亲信。朱棣登上皇帝的宝座之后，任命郑和为内官太监（相当于正四品的官职），朱棣还亲笔写了一个"郑"字，赐他为姓。从此，他就改马姓郑，名郑和。在中国古代，皇帝赐姓是至高无上的荣耀，而宦官被赐姓更是少之又少，可见朱棣对郑和的倚重与信任。

明代初年，经过朱元璋三十一年的励精图治，经济得到较快的恢复和发展，纺织、陶瓷、造纸、印刷等工业发展得更快，尤其是造船业和航海技术的空前发达，都为远洋贸易提供了条件，另外明成祖朱棣为了宣扬国威，耀兵异域，来显示中国的富强，决定派遣一支舰队，远航西洋。朱棣要挑选一个能干的亲信为正使，并负责统领船队。郑和"有智略，知兵习战""姿貌才知，内侍中无与比者"，而且他既信伊斯兰教又对佛教很有研究，这对出使西洋各国也是一个便利条件。于是，朱棣便决定任命郑和为下西洋的正使，由他率领一支庞大的船队下西洋。

永乐三年（公元1405年）6月，郑和第一次下西洋，他率领随

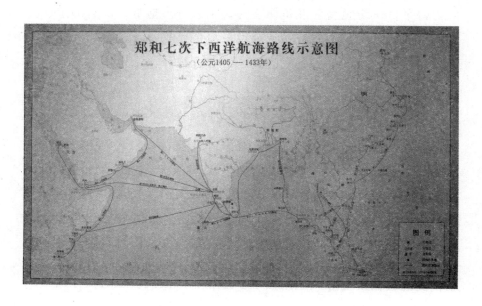

郑和七次下西洋航海路线示意图
（公元1405 —— 1433年）

员及士兵二万七千人，分乘二十六艘宝船和装载着货物、马匹、淡水的海船，从长江口扬帆出发，顺风南下。他们乘坐的宝船最大的载重千吨以上，可容五百多人乘坐。庞大的船队，帆樯林立，十分雄伟壮观。

郑和的船队先后到达了占城国（今越南南方）、爪哇国（今印度尼西亚）、苏门答腊、达满剌加（今马六甲半岛），进入印度洋，抵锡兰（今斯里兰卡），最后到达古里（今印度西南科泽科德）。船队每到一处，郑和都向当地的统治者宣传明王朝对他们的友好态度，赠送礼物，并将随船带去的丝绸、瓷器、茶叶等货物换取当地的土特产。郑和所带的二万七千人中，主要是富有作战经验的精兵，不是为了侵略与掠夺，而是为了防御海盗的劫掠和某些国家贪婪的统治者的袭击。

1407 年，郑和的船队返航，途经旧港时，与海盗发生了激战。一个漆黑的夜晚，海盗头子率大批海盗分乘几十只小船，偷偷靠近停泊着船队。郑和已得到商人的密报，早做好了准备。这些海盗自以为得手，纷纷想登船准备偷袭时，突然一声炮响，所有的宝船全部灯火通明，响起了战鼓和喊杀声，海盗还来不及逃跑，无数明军已跃向敌船，经过一场激烈的战斗，海盗被歼灭，他们的头领也被当场擒拿。郑和押着海盗头子凯旋回国。一些国家的使节也随船到中国朝见明成祖。同年 7 月，郑和奉命送这些使节回国，航程基本与第一次出海相同。

1409 年冬，郑和三下西洋。船队途经锡兰时，锡兰国王亚烈苦奈尔对船上的珍贵货物垂涎不已，企图袭击船队。国王装出友善的样子，亲自登船邀请郑和进城休息，郑和不知是计，离船上岸准备进城。走到半路时，突然想起传说亚烈苦奈尔为人贪婪残暴，便怀疑其中可能有诡计，于是派人返回去瞭望，果然回去的道路已被许多伐倒的大树横七竖八地阻挡了。郑和立即派人绕道通知守船军队准备战斗，他估计敌人可能倾巢出动来袭击他们的船队，城内的守备一定空虚，便率领随他而来的两千士兵杀向锡兰国的都城。正做着发财美梦的亚烈苦奈尔还没来得及反抗就当了俘房。而攻打船队的敌军听到都城被袭，赶忙回军救援，半路上遭到明军的伏击，死伤大半，其余的纷纷逃窜。郑和还朝时，将亚烈苦奈尔押回了中国，明成祖赦免了他，并把他释放回国，从此以后，郑和船队威名远扬。

1413 年，郑和四下西洋，最远到达波斯湾；三年后，他第五次出发，船队在马六甲海峡分为两队，其中一支船队到达非洲大陆的也门、索马里、肯尼亚等地。1421 年，郑和又奉命送亚非十六国使节回国，六下西洋。此后，郑和做了大约五年的南京守备。1431 年，皇帝再次命郑和七下西洋，此时的郑和已由一位青年变成一位六十岁的老人了。他率领船队先后到达亚非十七国，1433 年的夏天回国，完成了他一生壮丽的航程。

对于这位伟大航海家的去世时间，历史学界有着不同观点。一种观点认为，在 1433 年 4 月，船队第七次下西洋返回途中，郑和病逝于印度西海岸的古里，并被安葬在了那里。船队回国后，皇帝赐葬南京牛首山（为衣冠墓）。也有观点认为，郑和于 1433 年完成航行后回国，两年后在国内病逝。

郑和七下西洋，前后近三十年时间，航程十万里，访问了二十几个国家，多次战胜大洋中的惊涛骇浪，表现出了中国人民的无畏精神，增进了中国人民与世界人民之间的友谊，促进了明朝与东南亚、西亚和非洲北部各国的经济文化交流。至今，海上丝绸之路上，很多地方仍用郑和的名字——"三保"来命名，如泰国的三保巷、三保塔，印度尼西亚的三保洞、三保垄，马来西亚的三保城、三保井等。

郑和下西洋加强了中国明朝政府与海外各国的联系，并且改变了自明太祖朱元璋以来的禁海政策，开拓了海外贸易。它向海外诸国传播了先进的中华文明，加强了东西方文明间的交流，这是中国古代历史上一件世界性的盛举。

马可·波罗和他的游记

元代是丝绸之路上旅行活动的鼎盛时期。当时的蒙古族兴起，吞并了许多割据的部落小国，打通了东西通道，使欧亚大道通行更加便捷。当时从中国到欧洲，有两条常走的路线，一条是从元大都（今北京）经和林、天山北路，中亚、西亚而达欧洲；另外一条路是从陕西、甘肃经天山南路而达中亚、西亚继而到达欧洲。与此同时，宋元时期，海上丝绸之路日渐兴盛，与世界各地的交流又一次出现了高峰。

当时的元大都是"万国衣冠"相会的地方，中国的罗盘、活字印刷术、钱钞、算盘等，就是在这个时期通过各国使者和旅行家们带到欧洲去的。而波斯的天文学和僧伽罗国（今斯里兰卡）的药品也是这时传入中国的。元代通过丝绸之路到中国的旅行家非常之多，其中最著名的当属大旅行家马可·波罗。无论陆上丝绸之路和海上丝绸之路，都流传着他的故事。

马可·波罗 1254 年生于意大利威尼斯一个商人家庭，也是旅行世家。他的父亲和叔叔都是威尼斯商人，曾周游数国，见多识广。据称，元世祖忽必烈至元八年（公元1271年），年仅十五岁的马可·波罗跟随父亲和叔叔前往中国，从地中海东岸出发，跋山涉水，穿越了幼发拉底河、底格里斯河流域以及伊朗、中亚的沙漠地带，翻过帕米尔高原，再东行经喀什、于阗（和田）、罗布泊、敦煌、玉门、额济纳、张掖、武威，经冬及夏，历时三年多，约于1275年夏（一说1272年夏），抵达蒙古大汗的驻所上都（元帝夏宫所在地，废址在今内蒙古正蓝旗东约二十千米的闪电河北岸），受到忽必烈的欢迎。

马可·波罗在中国游历了十七年，他的父亲和叔父均在元朝供职。马可·波罗勤奋好学，懂得蒙语和汉语，受到忽必烈的器重，除在京城大都供职外，还曾访问当时中国的许多古城，到过西南部的云南和东南地区。他还出使南洋，到过越南、爪哇等地，并广泛考察了各国的民情风俗和经济情况。

因离乡日久，思念故土，马可·波罗随父亲和叔叔于1292年夏天，带着六百余人的护送团，分乘十四艘大船从福建泉州扬帆起航。沿着海上丝绸之路，驶过万里南海和印度洋，途经苏门答腊、爪哇、印度，用了约三年时间，于1295年回到家乡威尼斯。

13世纪的威尼斯和热那亚处于商业上的兴盛时代，威尼斯更是西方同世界各地的贸易中心。两座城常因商业冲突而发生战争。回乡后不久，马可·波罗参加了威尼斯舰队，1298 年，在一次海战中被俘。在监狱里，马可·波罗结识了一位叫鲁斯蒂谦的作家，他对马可·波罗的经历非常感兴趣。这位作家愿意为他记录见闻，马可·波罗就将他十多年的广泛见闻口述给鲁斯蒂谦，著名的《马可·波罗游纪》诞生了。

此书叙述了一些马可·波罗东来时经过的国家和地区，记叙了元朝初年的政事，描绘了元代北京、西安、开封、南京、镇江、扬州、苏州、杭州、泉州等城的繁盛，盛赞中国物产丰富，文教昌明，使欧洲人景慕不止。

《马可·波罗游纪》给欧洲知识界开辟了一个新天地，它的出版轰动了整个欧洲，七百多年来吸引了无数读者，这本书使欧洲人第一次知道了中国的印刷术、火药、指南针，第一次听说地下挖出来的"黑石头"（煤）可以做燃料，第一次使欧洲人知道了除欧洲之外还存在广阔的天地、高度的文明。人们争相传诵，《马可·波罗游纪》被译成各种文字，出现过五六十种不同的版本，被称为"世界一大奇书"。

《马可·波罗游纪》一书激起了西方人对东方的向往，使无数青年渴望去探知新世界，从而促进了新航路的开辟。14、15 世纪欧洲的一些地理学家，曾根据这部书绘制了早期的世界地图。发现美洲大陆的哥伦布，早年也细心读过这本书，他于 1492 年的航行，原来目的是带着西班牙国王给中国皇帝的信来中国和印度的，却无意中到了美洲。因而可以说，哥伦布发现新大陆，是受了马可·波罗的一定影响。

马可·波罗及他的父亲和叔叔，为沟通中国和欧洲之间的交往作出值得珍视的贡献。马可·波罗，这位跋涉于丝绸之路的伟大旅行家，永远值得人们怀念。

19世纪末20世纪初，当中国从闭关锁国的沉梦中清醒过来时，才惊讶地发现，周围全都是虎视眈眈的掠夺者，而古老丝绸之路所经过的西域，也是他们要争夺的势力范围。昔日中西文明交流的丝绸之路，一度变成了帝国主义探险家的乐土。英国人来了，美国人来了，日本也下手了……在这片古老而神秘的土地上，一时云集了众多的名号不一的探险队，西域探险活动达到热潮。这些狂热的冒险家打着探险、游览的幌子，一车又一车地盗走了中国无数的奇珍异宝……这些让地方官府敬畏三分的洋人一个个争先恐后，甚至为了争夺遗址的挖掘吵得不可开交，可他们是否想起过，这里是中国的领土，他们是在盗窃和掠夺中国的珍贵文物？

中华民族的耻辱，增添了一页难忘的记录。

伸向西域的魔爪

19世纪末，西方科学界兴起了两大热潮——地理探险和考古。现代地理科学的建立，引导着

地理学家和探险家们去考察和征服世界上每一个尚未开发的角落。对非洲的探险、对南极的考察，都引起了世界轰动。随着特洛伊古城遗址和埃及图坦卡芒陵墓出土的大批珍贵文物，促使一个新学科——考古学的诞生。

斯文·赫定（公元 1865—1952 年）诞生于瑞典首都斯德哥尔摩一个中产阶级家庭。二十一岁时，赫定只身穿越俄国中亚细亚和波斯，而后考入柏林大学，成为现代地理学创始人李希霍芬教授的弟子。李希霍芬的探险经历深深触动了他的心，并且李希霍芬对丝绸之路的讲述使他决心在毕业之后前往中国新疆地区，到那荒凉、神秘、充满神话传说的世界去探险。

1895 年 2 月，斯文·赫定冒着严寒和恶劣气候翻越帕米尔高原，来到喀什。他听到了不少当地传说：有许多古代的城市被埋葬在塔克拉玛干大沙漠深处，奇珍异宝遍地都是，魔鬼在守卫着珍宝，去寻宝的人只有极少数活着回来……

赫定被这些传说迷住了，对寻宝充满了向往。1895 年 4 月 10 日，赫定带领驼队从叶尔羌河边的麦盖提出发了，驼队带着八峰骆驼、两条狗、三只羊、一只公鸡和十只母鸡，充足的粮食，全套皮大衣、冬装，以及三支长枪、六支短枪，还有从气温表到测高仪等一应俱全的科学仪器，开始了横穿塔克拉玛干沙漠的探险。然而给他们送行的村民都摇着头，预言他们永远不会再回来了。

半个月后，在穿越叶尔羌河与和田河之间的广袤沙漠时，可怕的灾难降临了——他们没有带足够的水。水仅够饮用两天，但一望无边的沙海仍没有显出任何边缘的迹象。整整一晚上，为了找水，几个人疯狂地挖掘却一无所获，第二天又遭到风暴袭击，迫使赫定不得不扔掉两头有病的骆驼和行李。生死一线之间，向导偷喝掉了最后的一点水，差点被愤怒的同伴们打死。赫定意识到末日即将来临，他绝望地写了最后一次日记。

在此后的行程中，他们喝过人尿、骆驼尿、羊血，一切带水分的罐头与药品也是甘露，最后，不得不杀鸡止渴，可割掉鸡头，母鸡的血已经成了凝固的"玛瑙"。几个仆人都耗尽了体力，躺在沙丘里不能动弹，只有赫定和最后一个同伴卡西姆还在向前爬。突然，他们发现了人的脚印，这是生命的象征。当太阳升起的时候，赫定突然发现一道深绿的线条出现在遥远的地平线上，那是一片树林。

有树林的地方极有可能有水源，赫定高兴得喊叫起来，他们吃力地向前爬，用了一个白天才爬到了树林。三个小时过去了，他们仍然没爬到河边。由于极度疲劳和失水，他的同伴卡西姆也不能动了。赫定一个人向前爬，终于到了河边，却发现这只是一道干涸的河床。极度的失望使他产生了神经错乱的幻觉，意志已经到了崩溃的边缘，但他还是拼尽了最后一点力气，又向前爬了两英里。奇迹出现了，一汪清澈的小水池出现在眼前。

赫定拼命一般的喝了个饱，之后又装了满满两皮靴水，回头寻找垂死的卡西姆，黎明时终于找到了他。卡西姆一口气喝完两皮靴的水才站了起来，与赫定一起往回走。不久，他们又见到了被牧人搭救的仆人，找到了他的日记、地图和钱。不过，他们最终丧失了全部骆驼、牺牲了两个驼夫、放弃了绝大部分辎重，遗失了两架相机和一千八百多张底片，从此，塔克拉玛干沙漠有了一个别名——"死亡之海"。

赫定的《亚洲腹地旅行记》中详细记录他在沙漠中生死搏斗的一幕，但这并没有动摇他揭开塔克拉玛干秘密的决心。此外，斯文·赫定竟然从这次险些带来灭顶之灾的经历中，获取了受用终生的教益——此后的探险途中，他用铅笔速写代替照相，竟然成为了一个极具个人特点的画家，一生留下了五千多幅画。因缺水差点葬送整个队伍，成为他此后四十年探险生涯铭心刻骨的教训，因此赫定的一大发明就是选择冬天携带冰块进入沙漠。

这个痴狂的探险者在无边的沙漠奔走，终于发现了一处处重要古城遗址：丹丹乌里克、喀拉墩、玛扎塔格戍堡……直到发现楼兰古城。

1895 年底，赫定带着随从再次从喀什出发，沿着古代丝绸之路的南道走向于阗古址，一路上他从村民手里购买了不少出土文物和古代文书手稿。从于阗向东又走了十来天，赫定真的找到了两个小小的城市废墟，其中发现了古代房屋、树木，以及最令他惊喜的佛教壁画和雕塑。在一座古庙的墙上，他看到了许多女人的画像，她们的黑头发盘在头顶上，眉毛细长，前额上有个吉祥痣，属于典型的印度佛教艺术。

赫定在新疆还进行了地理勘察，画了大量地图，又进入神秘的西藏考察。当他结束第二次探险返回瑞典后，受到了隆重欢迎，成为当时最有名的探险家。

赫定最大的收获是1899年9月在塔克拉玛干沙漠的第三次探险。他带领探险队考察了叶尔羌河、若羌，又向沙漠最东头的罗布泊走去。1900年3月底的一天，他们在一个古代遗址宿营，次日匆匆赶路。到了一处红柳丛生的洼地，赫定想挖井汲水，不料仆人于得克把唯一的铁锹丢在宿营地了。于得克返回寻找铁锹时，意外地发现了几件美丽的木雕并带了回来。精美的木雕让赫定万分激动。他想立即返回去挖掘，但是水不够用，迫使他不敢再冒险。他根本没意识到，这个偶然的发现居然会成为世界考古史上最重要的发现之一，使他的探险生涯达到了辉煌的顶点。

第二年冬天，赫定返回罗布泊，在遗址进行了七天发掘。这次最大的收获，是发现了一批汉文的古文书和木简。回国后，他把文物交给两位汉学家鉴定，确认他发现了汉代丝绸之路上的一个重要西域小国——楼兰。

赫定的发现使全世界考古学界极为关注，由此揭开了西域和丝绸之路考古的序幕。外国探险家纷纷前来，掠走了一批又一批珍贵文物。斯文·赫定是第一个在中亚和西域探险的外国人，他对楼兰的发现和对中亚、新疆、西藏的地理考察作出了贡献，却也使得从古丝绸之路发掘的各类珍贵文物漂流异国。

"盗宝特使"—— 斯坦因

有这样一个人，一些人说他是伟大的考古学家、探险家，一些人却说他是无耻的强盗，文明的破坏者。这个人在中国人的眼中尤其罪大恶极，因为他用包括盗取、骗取的非法手段掠走了属于中国的大量文物，严重破坏了极具历史价值的文物，这个人就是"盗宝特使"——斯坦因。

斯坦因，原本是匈牙利人，1862年出生于布达佩斯一个犹太家庭，四十一岁时正式取得英国国籍。从青年时代起，斯坦因就热衷于探险，并为此而终身未娶，八十多岁时还进行过一次探险活动。

斯坦因个子不高，约有一米六，但是精力充沛，并且富有语言天分，会匈、德、英、法、希腊、拉丁、波斯、梵文等语言，还学过克什米尔语和突厥语。1883年，二十一岁的斯坦因取得了哲学博士学位。其后，赴英国伦敦大学、牛津大学和剑桥大学从事博士后研究工作。1888年底，斯坦因前往英国殖民地印度北部的旁遮普省，担任一所语言学校的校长，并同时在印度西北边省从事考古学和地理学考察。

当时，欧洲正兴起一股前往中亚探险的热潮。一些探险家和考古学家陆续从新疆带回一些已经失传的古文字文书和文物，这在欧洲学术界引起了轰动。在此推动下，斯坦因决定前往新疆进行实地考察。

1899年元旦前夕，印度政府内务和财政部初步批准了斯坦因新疆探险的申请。1900年5月31日清晨，斯坦因带领着随从和马队整装出发，开始了他的第一次中亚考察。他们从克什米尔越过喀喇昆仑，即沿着今天中巴友谊公路的路线到达喀什，又沿着塔克拉玛干南端向和阗（今和田）进发，到达和阗之后，斯坦因制订了考察于阗古国的详细行动计划，便开始走访，四处寻宝。

一些史书记述于阗国都时提到了玉石的出产。斯坦因判断，于阗古国国都既然和玉石产地有关，那就应该到盛产白玉的河岸冲积平原上去寻找它。斯坦因决定到发现了楼兰古国的约特干村去。在对约特干村附近的昆仑山区进行测量考察的过程中，斯坦因发现了玉龙喀什河和喀拉喀什河在山口造成的巨大冲积扇。他忽然产生了一个设想：是不是因为被一千多年来洪水不断发作冲刷出来的砂石掩埋了，盛极一时的于阗古国都才一直不能被人发现？

在约特干村民的讲述中，约特干原本是一个可以跑马的平坦地面，没有渠水，也没有沼泽。约特干有两种含义：一是"约尔特汗"的谐音。"约尔特"是故园、故乡的意思，"汗"的意思是王。两个词连起来，就是王者之乡的意思。约特干的另一种解释为"被子"，为什么叫被子呢？"被子"下面盖着什么？是不是逝去的于阗古城？

在另一个名叫查尔巴什的村子，当地村民发现了不少混杂在古代陶器碎片中的小金片。斯坦因就从约特干买到了一只出自哈勒彻洼地的小金猴。他判断出，这些小金片来自于庙宇中包裹佛像的金箔。碎裂后的金叶和其他遗物与泥土混杂在一起，形成了一个厚达3.9 米到 4.2 米的特定"文化层"。而河水将它们带到了哈勒彻洼地。斯坦因在洼地中还发现了大量和阗古币，连同购买到的加在一起，仅汉代五铢钱就有四百七十枚，还有两百多枚首次被发现的汉佉二体钱。

汉佉二体钱又叫和阗马钱，是公元 175 年至 200 年间制造的。现在，各国收藏的汉佉二体钱一共有三百五十二枚，斯坦因一人就有二百五十六枚，被珍藏在大英博物馆，而中国仅持有一枚。

看着这些珍贵的古钱，斯坦因兴奋异常。他认定，这些文物无疑就是来自于被掩埋了的于阗国都，而这个国都就在现在的约特干地下。

斯坦因决心以约特干王都遗址为起点，搜索这个佛教古国所有名扬丝绸之路的寺院。最先寻找的是《大唐西域记》中提到的娑摩若寺，也就是东晋名僧法显在《佛国记》中记述的王新寺。该寺历时八十年，历经三代国王才得以完成。寺内有佛塔，高二十五丈，内部结构更是精巧，雕文刻镂，用金银覆盖其上，众宝合成，金碧辉煌。塔后建有佛堂，庄严绝妙，典雅超群。据古籍记载，娑摩若寺离王城西五六里，是古于阗佛国十分重要的译经场所。

斯坦因按方位来到距遗址向西约半英里的小村庄艾斯肯特，在一片被尊为圣地的索米亚坟地附近，找到了一个受当地村民祖祖辈辈敬仰的无名土岗。他认为这可能就是佛教纪元时娑摩若寺留下的最后痕迹，虽历经战争劫难和宗教信仰变迁，毕竟为泱泱佛教古国留下了一片令人景仰的历史见证。

除此之外，斯坦因又在王都西南十里的一个被称为"康巴尔爷爷圣陵"的地方，找到玄奘记述过的地迦缚那寺。相传，此寺是曾流放龟兹后又归国的于阗大臣建的寺院，因供奉地迦婆缚那菩萨而得名，而今被穆斯林定为神圣的阿力帕夏侍从的墓地。昔日繁荣的寺院已经风光不再，变成了一个正方形地垅环绕的土墓，11月29日，斯坦因满怀成功的喜悦返回和阗。

12月7日，斯坦因探险队冒着迷茫的薄雾和严寒，踏上了冬季沙漠探险旅程。斯坦因雇了三十个人，在寒冷中向和阗东北方向走了十一天，来到塔克拉玛干沙漠深处的一处遗址——丹丹乌里克。在这里挖掘了三个星期，斯坦因就有了很大收获。他找到了许多壁画、雕塑，以及突厥文、汉文文书。其中有两份借据落款是建中三年（公元782年），使斯坦因确定这里的文物大部分属于唐朝。此外，三块木板画的发现使他格外兴奋，其中一块画的是一位骑马武士，年轻英俊的面孔具有中印混合特征，长长的黑发在头顶上结成一个疏松的抓髻，脚蹬一双毡底黑筒高靴，腰上挂着一把古代波斯式样的笔直的长刀。这幅画把当时中国、印度、波斯的影响巧妙地融为一体，不仅表明7世纪丝绸之路上的艺术家已经达到了很高水平，而且证实了西域艺术史上各国文化交流的客观存在。

把在丹丹乌里克挖到的几百件文物装箱后，斯坦因带着这些宝贝又前往尼雅遗址（今新疆民丰县东北）。在这里，他找到了大量木简和文书，多数属于汉晋时代。还有一些用印度古文字书写的木简，上面带有陶土封印。他惊异地发现，木简上画的竟是希腊女神雅典娜和其他诸神的形象，笔法都是西方古典绘画风格。毫无疑问，在西晋时，西方艺术已经沿着丝绸之路流传到西域。

斯坦因从"尼雅遗址"搜集到的七百六十四件佉卢文木牍、五十八件汉简及其他如汉代铜镜、铜钱、乐器、弓箭、玻璃器、水晶饰物、木雕、丝毛织物、地毯、漆器残片等珍贵的文物，被装入大箱，运往伦敦，尼雅的劫难就此开始。而斯坦因离开尼雅时说："此次再见，绝非永诀！"

斯坦因不停地前进，又到了安迪尔、喀拉同、拉瓦克三个前人未到过的沙漠遗址。他在各地的发掘都是匆忙的、急功近利的，甚至是破坏性、掠夺性的。1901 年 5 月，他结束了第一次探险，带着

十二只满载珍贵文物的箱子，得意扬扬地去英国邀功请赏了。

斯坦因在考古上的发现轰动了欧洲，他顺利地获得了第二次西域探险的经费资助。在他出发之前，大英博物院就急不可待地和英国人控制的印度博物馆达成了分赃协议。

1907年，斯坦因越过帕米尔，到达喀什，开始了他的第二次探险。由于他不懂汉文，在鉴定文物时很吃亏，于是就在喀什聘了一位"中国师爷"蒋孝琬来做他的翻译。此后，蒋孝琬成为了这位文物大盗

的得力帮凶。

斯坦因这一次的目标是楼兰，企图获得比斯文·赫定更大的收获。他带了五十个人，靠着赫定地图的指引，顺利到达了楼兰。

在考古方面，斯坦因比赫定内行得多。斯坦因对中国的历史，尤其是中国西域非常了解，这为他潜入中国盗宝奠定了基础。他找到了大量汉代古文书和古印度卡洛西提文字木简，这说明魏晋时代汉人退出西域后，曾有印度人在这里生活过。斯坦因最重视的是艺术品，遗憾的是楼兰作为一个军事重镇，艺术品出土很少。直到存

水即将用尽，斯坦因才离开楼兰，来到一个叫米兰的遗址。在一座废弃的破庙里，他惊异地发现了许多精美的西方古典壁画。一块护壁板上画着长翅膀的天使。另外一幅画上签着台塔斯公元 79 年的罗马皇帝的名字。斯坦因得出的结论是：在中国汉朝有个罗马艺术家，或是学过罗马古典绘画的画家，来到过罗布泊边缘的这个城市。斯坦因剥光了米兰这些极有价值的壁画后，于 1907 年 2 月向敦煌进发。

斯坦因做梦都没有想到，这次敦煌之行能让他贪婪的欲望得到尽情的满足。他只花了几百两银子，与看护敦煌的一位叫王圆箓的道士做了笔交易，就从这里卷走了数千件珍贵的文书和数不尽的精美艺术品。

满载着二十九只大木箱的驼队浩浩荡荡地离开了敦煌。在经过帕米尔山口时，斯坦因遇到严寒，冻坏了双脚。在生命受到威胁时，他没有迟疑，仍忍着巨大的痛苦，骑着牲口不停地赶路。经过七天翻山越岭的行程，来到阿富汗境内的一个小城，一位英国教会医生为他做了手术，切除了被冻坏的右脚脚趾。斯坦因为冒险付出了巨大代价，但他还是战胜了危险和死亡。

回到英国后，斯坦因得到了一连串的荣誉。英王授予他骑士勋章，皇家地理学会授予他金质奖章，最令他激动不已的是他被特许加入英国国籍，从一个匈牙利犹太人变成了大英帝国的臣民。斯坦因带回的大量艺术珍品和他描述探险过程的著作引起了欧洲考古界的极大兴趣，掀起了到中国西部冒险的更大狂潮。一批又一批的帝国主义分子纷纷赶来，展开掠夺瓜分中国文物的争夺战。

斯坦因也没有就此罢休。1914 年，斯坦因再次来到敦煌莫高窟，掠走了约五百卷唐代写经。当他打算第四次再来时，中国国内反帝浪潮空前高涨，阻止了他们的罪恶活动。

斯坦因三次西域探险历时十六年，对中国文化宝藏的危害在外国探险家中占据首位。1943年，八十二岁的斯坦因病死于阿富汗的喀布尔。他留下终生积蓄的五万多英镑，作为供英国和匈牙利学者研究中亚文化和地理的科研基金。

王道士与藏经洞

对于敦煌古卷的流失，早在20世纪30年代，著名历史学家陈寅恪就痛陈："敦煌者，吾国学术之伤心史也。" 而在这段伤心史中，有一个人的名字不可绕过地出现在我们眼前，他就是那位叫王圆箓的道士。因为现代著名作家余秋雨的一篇《道士塔》，王圆箓被更多的人所熟知。从现存的照片来看，他身材瘦小，相貌平平，穿一身棉袍，没有传说中道士应有的那种仙风道骨，而是个极其平常甚至有些猥琐的小人物。他被载入中国历史是由于他阴差阳错地与敦煌莫高窟"结了缘"。

王圆箓（公元1849—1931年）是湖北麻城人，本是贫苦农民，清光绪初年，到肃州巡防营当过兵，后来离开军营出家当了道士。大约在光绪二十三年（公元1897年）的时候，他独自来到了敦煌莫高窟。王道士在一个洞窟里居住下来，靠化缘和别人的施舍谋生，并且开始了清理积沙，建造塑像，想成为莫高窟的"守护者"。

清光绪二十六年五月二十六日（公元1900年6月22日）这一天，王道士带人清理洞窟中的积沙时，揭开了藏经洞这个惊天的秘密。王道士的墓志铭上是这样写的："沙出壁裂一孔，仿佛有光，破壁，则有小洞，豁然开朗，内藏唐经万卷，古物多名，见者多为奇观，闻者传为神物。" 这就是十六号窟里面的一个小洞，高只有一米，宽只有两米，但是，这却是一个装了整整五万卷古卷的藏经洞，而每一部卷都是无价之宝，无法用金钱来衡量。

这个洞原为唐代河西僧洪巩和尚的禅窟，现在里面还有他的石像。盛唐时代，莫高窟是丝绸之路上的佛教圣地。寺院藏经丰富，而且是西域、印度、吐蕃佛教学派的交流地。唐武宗时下令灭佛，毁掉了全国各地的佛寺。敦煌当时处于吐蕃占领下，得以保全。大约在五代时期，由于战乱或天灾，莫高窟的和尚们被迫出走，临行时把佛经文书都藏在一个秘密窟室里，然后小心翼翼地封上洞口，画上壁画。这里的主人一去不复返，藏经洞也就成了无人知晓的秘密。不幸的是当它重见天日时，竟落入冒险家的魔爪。

半文盲的王道士根本不懂其中的价值，送了几卷给敦煌县令和甘肃道台。这些昏庸的清朝官僚虽知这是有价值的古物，却想不出什么保护办法，只叫王道士把墙封上了事。但是消息却很快流传开来，正在西域四处寻宝的斯坦因听到这个消息，如同饿狼闻到了肉味，立刻越过了几十里沙漠，赶到了鸣沙山下的莫高窟。

斯坦因第一次与王道士的会晤，互相都没留下什么好印象。斯坦因认为"王道士性格古怪，胆小怕事，还不时流露出一种令人讨厌的狡猾表情"。王道士也闭口不提藏经洞的事，这让斯坦因无从下手，他只好装成一个来这里考察的外国旅行者等待时机。此时，斯坦因的中文翻译和助手蒋孝琬四处活动，为他提供了准确情报：王道士需要金钱修补洞窟，而且官府因为不肯出运费，文书不能被送走。蒋孝琬还为斯坦因借来一份唐代写经的原件，并探明了藏经洞的位置。斯坦因与蒋师爷彻夜密谈，分析王道士性格上的弱点，决定先与他亲善，消除其戒备心理，再寻找突破口，让王道士自己打开藏经洞。一场狼狈为奸的盗宝活动开始了。

斯坦因对王道士"诚恳"地说：他是一位对佛教艺术有特殊爱好的人，打算捐一笔钱帮助修复莫高窟，为了制订修复计划，希望参观一下全部洞窟。王道士听说后竟很痛快地答应了，并充当了导游。面对一幅幅精美的壁画和雕塑，斯坦因的心情越来越激动。他特地走过藏经洞前，偷偷地看了一眼被砖头封住的洞口，心里不断地盘算着鬼主意。当他用洋腔洋调的汉语告诉王道士，自己来自玄奘取经的国家，并且对玄奘极为敬仰时，王道士立时兴奋起来，他把斯坦因拉到一幅壁画前，向斯坦因介绍这幅画的内容就是描绘玄奘西天取经归来，经过一条大河的场面。斯坦因灵机一动，指着玄奘白马背上的经卷，问王道士能否让他把这些经卷带回佛教的发源地印度去。王道士未置可否，表情上却有了松动。斯坦因请蒋师爷晚上再去游说，愚昧的王道士终于被蒋师爷的花言巧语打动了。第二天下午，王道士拆开了藏经洞的墙壁。借着油灯微弱的灯光，斯坦因弯腰钻进这个小小的窟室……

斯坦因后来回忆道："这所小屋所展现的情景，真使我大开眼界。在道士小灯的幽暗光线下，依稀可以看见大量的但却又是杂乱无章地堆积在一起的整捆整捆的手稿，其高度大约有十英尺左右。至于它所占的空间，大约近五百立方英尺。"

随后，紧张的工作夜以继日地进行着。王道士每天从密室里抱出几堆文书，供斯坦因和蒋师爷挑选。文书是如此丰富多彩，不但有佛经手抄卷，还有变文、绘画、书信等各方面的珍贵资料，绝大部分是唐朝的。由于敦煌的气候干燥，经过一千多年，文书仍然保存完好。斯坦因估计，文书总数不少于五万件。除汉文文书外，还有梵文、康居文、吐蕃文、回纥文等多种语言文字的手稿。例如一件唐咸通九年（公元868年）用木版印刷的《金刚经》卷子，是目前发现的世界上最古老的印刷品，字迹清晰秀丽，卷头有一幅精美的众佛插图。这件文书的发现，使全世界学者对中国古代印刷水平赞叹不已。

贪婪的斯坦因一下掠夺了六千件文书，还有许多精美的丝绸经幡、刺绣等艺术品，装满了二十九只大木箱，由骆驼队运送出境。斯坦因心满意足地与王道士告别了，留下了五百两白银作为捐赠。一辈子都没见过这么多钱的王道士非常满意，客客气气地与斯坦因道别，还一再叮嘱他不要泄露秘密，斯坦因当然也不想让别人分肥，满口答应。回到喀什，那位"劳苦功高"的蒋师爷也得到了报偿，他被安排在英国领事馆做翻译，端上了洋饭碗。

尝到甜头的斯坦因不会就此罢手的，1914年，这个贪得无厌的强盗再次来到敦煌莫高窟，经过一番收买欺骗，又从王道士手中拿走了五百卷唐代写经。后来，更多冒险家们接踵而至，王道士的胆子也渐渐大起来，与洋人们的买卖做得越来越熟练，而莫高窟则一次次遭到洗劫……

敦煌莫高窟的空前遭遇，无疑是中国文化史乃至文明史上蒙受奇耻大辱的一笔，王道士对于这一历史事件的过失是不能被掩饰和开脱的。然而，我们把板子全都打到他一个人身上，显然是有失公允的，也是没有意义的。如果说王道士的过错很大程度上是由于他"没文化"，愚昧无知、木讷麻木，那么像"蒋师爷"这样的"文化人"在中国文物被盗的历史事件中所起的恶劣作用恐怕更是不容忽视。

还有当时的晚清政府官员和一些社会名流又是怎么做的呢？王

道士在发现藏经洞后，及时汇报给当地政府官员，结果并未引起足够重视——只是由于连五六千两银子的运费都舍不得花。而直到四年后，清政府才给了他一句"检点经卷，就地保存"的指示。可见，当时政府根本无力也做不好文物保护工作，因此才有了国外探险家一拥而上，骗取、掠夺中国珍宝的事件。

不能不提的是，这些古卷当年大多并非"盗取"，而是大摇大摆地运出去的。斯坦因在运出前，还在北京举办过公开展览，当时清政府却没有对此进行指责，就这样，使得无法计数的文物背井离乡。等敦煌古卷轰动世界之时，清政府和中国学者们才醒悟过来。但是，当学者罗振玉等人垫付资金，"抢运"古卷时，却又发生了更让人愤慨的一幕：经卷从敦煌运往北京的途中，一路上遭遇地方官绅豪夺窃取，而一些学者名流也趁机私藏，到后来为了凑足数目，甚至将完整的经卷撕开，致使古卷再遭厄运。

十分具有讽刺意味的是，那些被外国人以各种方式运出去的经卷，大部分完好无损地保存在国外的博物馆等研究机构，而被中国地方官员和学者名流们私自藏匿的古卷，却再没有重见天日，造成敦煌学史上的一大遗憾。

新的疯狂

斯文·赫定、斯坦因等人的成功，无疑给西方的探险家们注射了一针兴奋剂。紧接着，在19世纪末20世纪初这段不太长的时间里，到达中国西部地区的外国探险队达到了四十二个之多。

首先来到的是德国探险队，与赫定和斯坦因单枪匹马的冒险不同的是，德国人做了周密的组织和计划，还专门成立一个委员会策划更大规模的掠夺，盼望能获得比赫定和斯坦因更大的收获。

在行动之前，德国人仔细研究了赫定和斯坦因的报告，他们不想步两人的后尘去楼兰拣剩儿，而选定了丝绸之路北路的吐鲁番作为发掘重点。这里是古代高昌国遗址，唐朝时期佛教艺术非常发达，也是西方古典艺术与亚洲佛教艺术的会合地。

一个身强力壮、具有东方文物考古知识、野心勃勃且富于冒险精神的家伙来到了中国，他就是莱考克。1904年11月，莱考克和他的助手巴塔思来到第一个目标——吐鲁番东边的哈喇和卓遗址。

当时，这座高昌古城遗址被当地居民破坏得很厉害，许多壁画被农民砸碎了、庙宇被拆毁，梁木被拆走盖房子或当了劈柴，残存的一些壁画上的人和走兽被挖掉了眼睛或嘴，变得支离破碎。

莱考克耐着性子四处寻访，很快有了发现。当地农民领他找到了一幅六英尺高的壁画，中心是个仪表堂堂、头上围绕光环的男性佛像，四周是群僧陪伴。可以认定，这是摩尼教祖梅尼兹的形象。这个产生于波斯的宗教曾向东西方流传，后来因受到其他宗教信徒的反对和迫害，渐趋消亡。在中东和东欧，今天已找不到任何遗迹。向东逃到中亚和中国的摩尼教徒却幸运地找到了避难所，在古高昌

遗址的发现就是证明。这幅壁画受到莱考克的高度重视，这确实是一个极有价值的发现。

莱考克不断地挖掘，得到许多珍贵的文书，但有时运气也实在不佳。有一次，他在一个土堆挖了很久，累得腰酸背痛，仍一无所获，可两个觅宝的当地妇女，不一会儿就挖到大批文书，使莱考克掏空了腰包才收买过来。四个月后，他们积累的古文书已经有几大麻袋了。

后来，莱考克转移到吐鲁番东北的伯兹克里克，这里的悬崖峭壁上有一百多个唐朝时期开凿的佛窟。唯一的通道是沿着一条盘旋小径爬到崖顶，再顺着一条陡峭的梯道走下去，才能到达佛窟。为了保护这些佛，古代建筑师在外面筑起一道墙壁，挡住山下行人的视线。如果不注意观察，根本看不到佛窟的景象。长年积累的流沙掩埋了许多洞窟，使它们得以保存完好。莱考克刚刚接近入口，一脚蹬下一堆沙土，只见光彩夺目的壁画露出一角，鲜明的色彩像是刚刚完成似的。莱考克顿时兴奋异常，不住地清除沙土，沿着通道使劲向前挖掘。

在佛窟入口处的两面墙上，各有三幅比真人还大的僧人壁画。里面清理出来的壁画中，有各种不同民族的形象：穿黄袍的是印度人，穿紫袍的是当时的中亚回纥人。这些千年以前的画像形象逼真，惟妙惟肖。洞窟里的沙子底下，又发现了十五个不同时期的巨大佛像，还有向佛像献礼的供养人塑像，各异的服装表明他们是印度王子、婆罗门教徒和波斯人。还有一个红头发、蓝眼睛的形象，显然是欧洲人。

莱考克看到这些精美的壁画，决定不惜任何代价，把它们全部切割下来运回德国去。他们先用刀子沿壁画四周挖一道深槽，然后在画的边上用锄子或凿子挖一个窟窿，再用狐尾锯从上面的槽里伸进去，沿着壁画背后往下锯。当壁画表层摇摇欲坠，便让助手把铺着毛毡的木板紧紧贴住壁画，当壁画完全被锯开，他们用木板托着壁画上端顺势倒下，一幅完整的壁画就平稳地躺在木板上了，然后把草和毛毡、棉絮铺到上面，把壁画夹在中间，装入大木箱。即使旅途颠簸震动，壁画也不会受一点损伤。巨大的壁画，则锯成几片，特别要小心不能破坏脸部和最精美的部位。

切割壁画是一件极为精细而又费力的工作，然而莱考克有的是耐心和力气，直到切割完伯兹克里克佛窟最精美的大型壁画，8月的酷热使他无法再干下去，才撤往喀什。这时，斯坦因、伯希和、俄国人等都在丝绸之路的各个遗址盗宝，使莱考克坐立不安。他来到了克孜尔遗址刚刚走进克孜尔的一座龟兹古庙遗址时，感到这里空无一物，墙上长着厚厚的霉。他用海绵蘸上中国白酒，把霉擦去，色彩鲜明华丽的壁画立刻显露出来。

莱考克从一座庙宇走到另一座庙宇，不断的新发现令他激动万分：这些保存完好的壁画很少有传统中国画的影响，属于典型的龟兹艺术风格，技法和着色更接近于西方古典艺术，人物逼真传神。莱考克在书中回忆道："这里的壁画是我们在突厥斯坦任何地方所找到的最优美的壁画。它包括传说中的佛陀的种种形态和它所处在的种种场面，而且又几乎都具有纯粹的古希腊的特征。"他宣布，在克孜尔找到的壁画，远远超过了以往所取得的任何成就。他的胃口越来越大，在看中一个画满优美人物和图案的圆屋顶后，竟把它全部拆下来装箱运走。他们在克孜尔搜掠的文物多达一百二十八箱，所经之处几乎一扫而空，直到莱考克染上了痢疾，无力再坚持下去，才满载文物取道喀什回国。

从 1904 年到 1914 年十年间，莱考克一共四次深入新疆探险。在外国冒险家中，他是最大的壁画窃贼。回国后，柏林博物馆花了六年时间整理这些文物。德国人一共带回了六百二十幅完全或残缺的壁画，二百九十尊泥塑像，还有大量的文书、钱币、丝绸、简牍等出土文物。莱考克担任馆长期间，增加了十三个房间展出这些文物。

大型壁画用铁框固定在展室墙上，供人参观。当观众对精美的古代东方艺术惊叹不已的时候，莱考克感到十分骄傲和自豪。而遗留给我们的只是莱考克存档的照片和克孜尔、伯兹克里克洞窟墙壁上的空白。

法国考古界行动落后了一步。1906年8月底的一天，当二十七岁的法国汉学家保罗·伯希和从巴黎穿越欧亚大陆，经塔什干来到喀什时，连他自己也承认确实来晚了。因为他被派往中国突厥斯坦发掘丝绸之路文物宝藏时，英国、瑞典、德国、俄国和日本人都已经来过或正在进行第二次探险。

伯希和并没有气馁，他是一位天才的语言学家，大约熟悉十三种语言，尤其是汉语。仅这一点，他就超过了斯坦因和莱考克之流。他曾在北京法国使馆待过，这段生活经历使他十分熟悉中国社会和官场。这些长处给他在中国的冒险和盗宝带来了极大的方便。

刚到喀什，伯希和就去拜访中国官员，请求照顾和帮助。当这些清朝官吏听到这位洋人说着一口流利漂亮的中国话，并且一再引经据典，还能朗读客厅里悬挂的对联时，无不大吃一惊。伯希和轻松地与官员们建立了友好关系，得到了比其他洋人更多的优待。

伯希和首先来到库车的吐木休克遗址，这里曾是龟兹的一个城镇。在一座废庙里休息时，伯希和随便用马鞭在地上掘着，不想却挖到了一个希腊小神像。他大为惊异，决定不走了，在那里一干就是八个月，挖出了不少彩色雕塑。更重要的是，他们找到了很大一批龟兹文的佛经，这种文字在世界上早已绝迹了。直到无法忍受严寒，他们才前往乌鲁木齐进行休整补给。

1908年3月，伯希和来到敦煌，见到了王道士。凭着他纯熟的汉语和渊博的汉学知识，很快与王道士拉上了关系。当王道士打开藏经洞的木门，伯希和拿着蜡烛看了第一眼，便惊得呆若木鸡。成堆的文书至少还有两万份！

伯希和决定把文书浏览一遍，紧张的二十多个日日夜夜过去了，伯希和挑选了六千多卷精品，才与王道士开始谈交易。在付了五百两白银和保证严守秘密后，伯希和心满意足地把文书装箱。

1923年秋季，华纳尔与同伴和中国翻译坐着四辆简陋的双轮马车，从古城西安沿着丝绸之路西行。一路上，华尔纳几次翻阅斯坦因的《中国沙漠中的废墟》想用来消磨时光，又几次由于妒忌而不能再读下去。到达酒泉后，他们把骡子换成骆驼，向东北进入戈壁，来到黑城后，华尔纳并没有什么收获，于是他们只得带着少得可怜的文物失望地掉头向回走。

华尔纳的坏运气随着到达敦煌莫高窟而宣告结束。来到莫高窟后，这里的主人王道士没有在家，华尔纳就住了下来。他一连十天仔细地参观洞窟的壁画和雕塑，被深深地吸引住了。他后来回忆说："我除了惊讶得目瞪口呆之外，再无别的可说。现在我才第一次明白了，为什么我要远涉重洋，跨过两个大洲，在这些烦恼的日子里，蹒跚地走到我的马车旁边。"再往下看，华尔纳又气得怒火中烧。因为两年前，一群白俄士兵因偷越边境，被中国当局拘留在敦煌。这些家伙肆意破坏宝贵的壁画。华尔纳曾写道："在这些可爱的脸上，有几个被涂写着俄军的编号。从一个宣讲莲花经的坐佛口中，喷出了一些斯拉夫人的下流话。"他下决心把这里最精美的壁画剥走。"看到这种摧残文化与艺术的行为，就是剥光这里的一切，我也毫不动摇。……恐怕二十年后，这个地方就将不值一看了。"以这些强盗逻辑作为借口，华尔纳对莫高窟壁画的掠夺变得理直气壮。

王道士终于回来了，华尔纳说明要买走一些壁画和雕像。王道士起初坚决不同意，后来才发现是个误会——原来眼前的洋人并不想要他募钱修造的那些光辉灿烂却俗不可耐的新塑像，而是想要那些"不值钱的旧东西"。听明白之后，王道士便一口答应了。与洋人做买卖，他早已是轻车熟路，讨价还价之后，当时就分给华尔纳一尊第328窟古老陈旧的、三英尺高的单腿跪唐代供养菩萨雕像。这是今天在美国波士顿福格博物馆藏品中最珍贵的文物之一。

华尔纳的中国之行真可谓有备而来，他特地带了一种能使壁画分离的化学胶水。方法是先把胶水涂在壁画上，再贴上层纱布，待粘结实后，就可以把壁画完整地从墙上剥下来。这样做要冒很大风险，因为以前还从没有人这样干过。如果不成功，就意味着珍贵的壁画被彻底毁灭。五天后，华尔纳剥下了十二幅中型壁画，每一幅壁画都牢牢地粘在纱布上。他小心翼翼地把它们用毛毡包好，装入木板箱，以保证它们经得起长途颠簸，安全运到美国。对于那尊小型供养菩萨雕像，华尔纳用自己的衬衣、羊皮裤和毯子层层包裹，以防受到磕碰。

华尔纳有着足够的艺术眼光，虽然他揭起的是壁画局部，却是唐代绘画艺术中最有代表性、最生动的人物造型。连他自己也非常得意地说：与莱考克带回的壁画比较一下质量，也足以令德国人妒忌了。

从敦煌掠夺来的珍贵文物被带回了美国波士顿福格博物馆，这个原本默默无闻的小博物馆顿时身价倍增。华尔纳的贪婪并没有就此满足，当他第二次带着大桶胶水，准备到敦煌大干一场时却碰了钉子——华尔纳曾回忆："约有十多个村民放下他们的日常工作，从大约十五英里之外的地方跑来监视我们的行动，并且他们使用一切手段来诱使我们触犯他们的规定，以便对我们进行袭击，或者用武力把我们驱逐出境。一个不注意的错误，即使是一次愤怒的表情，也可能使他们倾巢出动，骂不绝口，甚至置我们于死地。"面对当地居民的声讨和强烈反对，华尔纳不得不放弃他的盗宝计划，灰溜溜地离开了敦煌。

没错，丝绸之路的盗宝之门已被觉醒的、愤怒的中国人民关闭了。

从 20 世纪 30 年代，有志于弘扬中华文化艺术的爱国知识分子陆续来到丝绸之路探访考察。著名考古学家黄文弼，不畏严寒酷暑，

几次来到在吐鲁番、楼兰、库车，对丝绸之路上的古代遗址进行考古发掘。他的开拓为新中国成立之后在新疆的大规模考古发掘工作奠定了坚实的基础。

抗日战争时期，国画大师张大千来到敦煌，在莫高窟临摹壁画，并在重庆举办了一次画展，扩大了莫高窟艺术的影响。

1943 年，在法国艺术界已经赢得了很高荣誉的著名画家常书鸿，毅然放弃了优越的生活，回国保护和研究敦煌，在荒凉破败，少有人烟的沙漠中筹建起了敦煌艺术研究所。不久，一批爱国的历史学者、考古学者如向达、夏鼐、阎文儒、段文杰、史苇湘等也陆续来到这里，在艰苦的条件中，默默地为保护和研究工作贡献着自己的青春和才智。

经过一代代学者的不断努力，让世界不得不承认：敦煌在中国，敦煌学研究的中心也在中国。

今日新丝路

　　如果从公元前 5 世纪丝绸之路的逐渐开辟算起，到 1840 年中国社会性质发生改变为止，丝绸之路及其贸易曾经繁荣、活跃了两千多年。丝绸之路作为人类文明发展的一种文化系统，在人类文明的历史上，在中国文明发展史上，所产生的影响和作用是无可比拟的。

　　丝绸之路有过辉煌的历史，有过伤痛的记忆，更有着崭新的面貌。

　　今日的丝绸之路，已发生了翻天覆地的变化。在天山南北，一座座新兴的城市拔地而起，新疆已成为中国西部的能源基地，乌鲁木齐与喀什等古老的城市已成为重要的商贸中心，新疆铁路的全线贯通，架起了一条新的欧亚大陆桥。航空和公路网的建设，使丝绸之路变成立体交通网络，连接世界的四面八方。

　　新丝绸之路，以其悠久的历史和迷人的风光，吸引了成千上万的游人。人们怀着对历史古迹的缅怀和自然风光的憧憬，兴致勃勃地重新踏上丝路之旅：

　　西安是汉唐故都，也是丝绸之路的重要起点之一。现在的西安依然是西北地区的第一大城市，这里浓缩了中国历史的精华。

　　陕西历史博物馆是中国国家级博物馆之一，馆藏的数千件文物中许多都是稀世珍品。在这里可以纵览中国历史，从蓝田猿人、石器时代直到秦汉、盛唐。唐太宗陵墓中的石刻"昭陵六骏"中的四匹战马浮雕，体态雄健，充满活力。唐三彩陶俑塑造的西域商人、唐朝贵妇、宫女，表情丰富，形象逼真。每一件展品都精细非凡，让人叹为观止。

　　西安碑林创建于宋代，是收藏我国古代碑石时间最早、数目最大的一座艺术宝库。西安城里现存的唐代建筑就是大雁塔和小雁塔。大雁塔在大慈恩寺内，共有七层，高六十四米，据说当年登上这里，可以一览长安城和曲江的风景。

大唐芙蓉园位于西安市曲江新区，占地一千亩，其中水面三百亩，是西北地区最大的文化主题公园，建于原唐代芙蓉园遗址以北，是中国第一个全方位展示盛唐风貌的大型皇家园林式文化主题公园。

　　从西安出发，翻越陇山，就进入甘肃的河西走廊。祁连山高耸入云，戈壁一望无边。星星点点的绿洲上，城市和村庄遥遥相望。历史上著名的"河西四郡"今天已经成为新兴的城市。

　　当年霍去病洒酒为泉的地方，今天已开辟为酒泉公园，是河西走廊唯一保存完整的一座汉式园林，迄今已有两千多年的历史。今天的酒泉以航天城的美名享誉全球。建于1958年的酒泉卫星发射中心位于酒泉市以北的戈壁滩上，这里见证了中国航天技术的新突破。

　　酒泉以西就是万里长城的最西端——嘉峪关。城关两翼的城墙横穿沙漠戈壁，向北八千米连黑山悬壁长城，是明代万里长城西端的重要组成部分，自古为河西第一隘口。远处的祁连山雪峰宛如在云雾之中，气势雄伟，矗立在戈壁之上。

　　离开嘉峪关不远就到了丝绸之路最著名的艺术宝库——敦煌。来这里的游客许多首先要去鸣沙山，体会大漠风情。美丽的月牙泉更是不可错过的名胜。敦煌莫高窟现在已经成为世界文化遗产，经过几代人的努力修复和维护，莫高窟的雕塑和壁画得到很好的保护。飞天轻盈起舞，飘逸动人；菩萨慈眉善目，面带微笑；金刚肌肉凸起，怒目圆睁。个个栩栩如生，不得不令人赞叹中国古代雕塑与绘画艺术堪称世界一流。莫高窟旁边，一座现代化的建筑——敦煌研究院拔地而起，从当年第一代文物专家们艰苦的探索到今天的敦煌文物保护与研究已经走在世界的前列，这其中的辛苦与甘甜，都在每一位默默奉献的"莫高窟人"的心中。

　　敦煌的玉门关遗址是唐朝的国门，出关后再向西就进入古时的西域，也就是我国的新疆境内。吐鲁番盆地是名副其实的"葡萄和瓜果之乡"，这里地干燥少雨，阳光充足，加上特殊的低海拔，使葡萄香甜，哈密瓜个大多汁，成为当地最著名的特产。收获的季节，田野里到处弥漫着甜香。葡萄成熟的季节是最令人陶醉的时刻，大片的葡萄园里，一串串葡萄挂在藤架上。有的晶莹如珍珠，有的鲜艳似玛瑙，而有的碧绿若翡翠。五光十色、娇艳欲滴，令人垂涎不止。

顶着烈日到火焰山下，不一会儿就灼热难耐。向南穿越博格达山口，到达坂城。这里是著名的风口，一年四季都能感到大风的呼啸。上百架巨大的白色风车迎风旋转，与蓝天、白云和巍峨的山峰相伴，在旷野上形成一个蔚为壮观的风车大世界。这是中国最大的风能基地——达坂城风力发电厂。

新疆乌鲁木齐周边的旅游胜地当属天山的天池和南山牧场。天池是冰川融化形成的高山湖，清澈透明。湖面呈半月形，长三千四百米，最宽处约一千五百米，面积约五平方千米，最深处约一百零五米。湖水清澈，晶莹如玉。四周群山环抱，绿草如茵，野花似锦，有"天山明珠"盛誉。南山牧场是典型草原牧场，让人感受到新疆的辽阔。

中国新疆地域辽阔，有众多的草原和天然湖泊。人们公认风景最美丽的地方，是北疆阿勒泰地区的喀纳斯湖。喀纳斯被称为"人间净土"，这里是我国境内阿尔泰山脉中的高山湖泊群。喀纳斯湖静卧在山林之中，依山势弯曲，显示出柔美的姿态。湖水清澈寒冷，衬托着蓝天白云，使人感觉犹如置身于油画之中。

从喀纳斯返回奎屯，沿天山北路继续西行，进入博尔塔拉蒙古族自治州，沿途经过美丽的赛里木湖。湖水非常清澈，一片蔚蓝色。

再西行进入天山峡谷，就是著名的果子沟。果子沟以野果多而得名，这里果树确实不少，主要是野苹果，其次是野杏。沟内景色十分秀美，峰峦叠翠、果树丛生、野花竞放、飞瀑涌泉，被清人祁韵士称为"奇绝仙境"。此外，果子沟是新疆西部穿越天山的唯一通道，也是连接南北疆，保卫西部边防的战略要道。

从果子沟到天山南坡，再向前就是伊犁。它得名于伊犁河，伊犁是天山西段伊犁河北岸的河谷盆地。人们有"不到新疆不知中国之大，不到伊犁不知新疆之美"的说法，这里水草肥美，地势开阔，又连接着中亚和南北疆，自古为兵家必争之地。

从伊犁地区的首府伊宁市沿着伊犁河向前，就来到了巴音布鲁克草原。这里是一片宽广的高原，万里晴空之下，绿草如茵，成群的牛羊在安静地吃着草。

在巴音布鲁克草原的深处有座美丽的天鹅湖。所谓"天鹅湖"，是尤勒都斯山海拔二千五百米的山间盆地。开都河在这里蜿蜒流淌，无数大小湖泊间，就形成了一片东西约三十千米、南北约十千米的湿地沼泽。良好的气候和环境给野生动物提供了一个乐园。每年春天，成群的野天鹅迁徙到这片凉爽宜人的沼泽度夏。沼泽边，常可以看到天鹅在水中悠闲地游动，怡然自得。

从巴音布鲁克草原东南行，走出天山，到达山南的和静县。县城的街心公园里，树立着蒙古族土尔扈特部落酋长渥巴锡的雕像。渥巴锡是土尔扈特部的第七代首领，著名的"东归民族英雄"。土尔扈特部蒙古族自古以来就是中国厄鲁特蒙古族的一部分，17世纪30年代，他们在首领鄂尔勒克的带领下，以游牧方式迁居到伏尔加河下游地带定居。后来，沙俄的侵略魔爪很快就伸到了这里，在沙俄种种的剥削压榨下，渥巴锡所领导的土尔扈特部拿起武器反抗，摆脱沙俄的压迫，重返祖国故土。为了表彰这个英雄的民族，清廷将他们安置在今天的巴音布鲁克地区，册封渥巴锡为和静郡王。今天，和静郡王府的建筑还完好地保留着，向人们诉说着土尔扈特英雄的故事。

从库尔勒市沿国道向西，就是"丝绸之路"的中道，也被称做天山南路。从轮台县城往南，沿公路进入塔克拉玛干沙漠，延伸几百千米，一直到南疆的民丰。进入沙漠不久，就跨越了中国最大的内陆河——塔里木河。河流两岸是一片古老的胡杨林。胡杨也被人们誉为"沙漠守护神"，这种神奇的植物，千百年来，毅然守护在边关大漠，守望着风沙，"生而一千年不死，死而一千年不倒，倒而一千年不朽"，以其特殊的耐旱性成为沙漠中最顽强的植物。

从轮台向西到达库车，就是古代的龟兹——这个南疆最大的绿洲城市曾是古代丝绸之路的中心，唐朝在这里设置安西都护府，可见其地位的重要。今天这里已经变成一个现代城市，人群熙熙攘攘。库车的大清真寺就很有气派，大厅可容千人礼拜。

库车周边有许多古迹，如克孜尔千佛洞等地。从库车沿国道北行七十千米，经过一片鬼斧神工的雅丹地貌区，风沙把山石侵蚀成一个个独立的雕像，有的像骆驼，有的像少女，千姿百态。越过库车河支流，来到高耸的红色山岩前，从大山裂开的一道缝隙，沿着河谷进入天山大峡谷。

大自然造就了峡谷的种种风景。有的地方壁立千仞，红色的岩壁如同刀砍斧削般的整齐。有的地方天开一线，巨石悬挂半空，似泰山压顶，路边的巨石，有的像狮子，有的如同蹲坐的大猩猩。最令人惊讶的是半壁悬空中，居然有一个唐代石窟，里面有佛教彩绘壁画，颜色依然鲜艳。建立石窟的人是武则天时代的一个叫师光蓝的官员。

从库车西行到达喀什，再向西登上帕米尔高原，就是西部的边界了。远望崇山峻岭，人们可以感受到悠悠丝路的绵长与它所承载的那一分厚重。

著名学者季羡林先生曾说："横亘欧亚大陆的丝绸之路……它实际上是在极其漫长的历史时期内东西文化交流的大动脉，对沿路各国、对我们中国，在政治、经济、文学、艺术、宗教、哲学等等方面的影响既广且深。倘若没有这样一条路，这些国家今天发展的情况究竟如何，我们简直无法想象。"

而今日的丝绸之路，是能源的动脉，繁荣的纽带，友谊的桥梁。